훈련 그리고
기쁜 복종

Discipline
by Elisabeth Elliot Gren

Copyright ⓒ 1982 by Elisabeth Elliot Gren
Originally published in English under the title
Discipline

by Fleming H. Revell, a division of Baker Publishing Group,
Grand Rapids, Michigan, 49516, U.S.A.
All rights reserved.

Korean Translation Copyright ⓒ 2009 by Timothy Publishing House
6F Paidion Bldg., 1164-21 Gaepo-dong, Gangnam-gu Seoul, Korea

이 책의 한국어판 저작권은 Baker Books와 독점 계약한 (주)도서출판 디모데에 있습니다.
신 저작권법에 의하여 한국 내에서 보호를 받는 저작물이므로 무단전재와 무단복제를 금합니다.

※본문 성경은 한글개역개정을 사용하였습니다.

그분께 다다르기 위해 그대 영혼의 민첩성을 잃지 않도록
가장 쉬운 것이 아닌 가장 어려운 것을 선택하라.
_ 십자가의 성요한(St. John of the Cross)

| 차례 |

들어가는 글. 지으시고, 보살피시며, 불러주신 하나님   7

1장. 훈련: 하나님의 부르심에 대한 응답   13

2장. 우리의 부르심을 어떻게 알 수 있을까?   19

3장. 명령 아래서   27

4장. 은혜, 성경, 성령 – 그리고 또 한 가지   33

5장. 주권자 하나님과 인간의 선택   41

6장. 육체의 훈련   57

7장. 마음의 훈련   75

8장. 지위의 훈련   109

9장. 시간의 훈련   133

10장. 소유의 훈련   153

11장. 일의 훈련   173

12장. 감정의 훈련   197

나오는 글. 변화: 나의 삶을 그분의 삶으로   219

들어가는 글
지으시고, 보살피시며, 불러주신 하나님

이른 아침, 나는 텍사스 남부의 외딴 언덕 위, 돌로 지은 아름다운 산장의 창가에 앉아 있다. 봄이다. 전화도 텔레비전도 남편 라르스Lars 외에는 사람의 모습도 찾아볼 수 없고, 아무 소리도 들리지 않는다. 남편은 다락방에서 책을 읽고 있다. 다람쥐들이 끽끽거리는 소리와 새들 – 추기경새, 덤블어치, 멕시코 양니지, 야생 칠면조, 검은 뿔박새 – 이 지저귀는 소리만 제외한다면 완벽한 고요다. 그들 중 더러는 모이통에 내려앉기도 하고, 더러는 주변에 빽빽이 들어선 참나무와 옹이진 곱향나무 사이를 잽싸게 날아가면서 언뜻 모습을 드러내기도 한다.

그늘진 숲 속에서 외톨박이 암양 한 마리가 나타난다. 암양은 비를 맞으며 날카로운 돌 사이를 우아하게 거닐면서 듬성듬성 새로 돋아난 풀을 뜯어먹는다. 기름진 양털은 부슬부슬 내리는 비쯤 가볍게 털어낸다. 길을 잃은 것일까? 다른 무리들은 어디에 있을까? 암양은 평화로워 보인다. 잠시 후, 암양은 산등성이 너머로 사라진다.

그 다음에는 작은 야생 멧돼지 한 마리가 등장한다. 녀석은 땅 위를 여기저기 킁킁거리다가 바위틈까지 뒤지며 먹을 것을 찾는다. 나는 그 멧돼지가 약간 절름거리고 있음을 눈치챈다. 왼쪽 앞발굽이 부은 것 같아 보인다. 갑자기 녀석이 접시 모양의 전파 탐지기라도 되는 양, 단추 구멍 같은 코를 쳐들더니 새 모이통 쪽으로 방향을 돌린다. 거기에 무언가 먹을 것이 있음을 감지한다. 녀석은 잠깐 몸을 부르르 떨더니 황홀하다는 듯 코를 벌렁거리다가 완벽한 호瓜를 그리며 땅에서 뛰어오른다. 그렇지만 그다지 높이 뛰지는 못해서 모이통에 닿기에는 한참 모자란다. 다친 다리 때문에 고통스럽게 착지한 녀석은 전혀 툴툴거리지도 않고 갈지자 걸음으로 나무들 사이로 사라져버린다. 어쩐지 그 발굽을 싸매주고 간호해주고 싶은 마음이 든다. 그렇지만 그것은 내 능력 밖의 일이기에, 나는 어떤 반창고보다도 효력이 있는 다른 구조 수단을 사용한다. 나는 그 멧돼지를 위해 기도한다. "주님, 여기 당신의 멧돼지가 있습니다. 부디 그 발을 치료해주세요." 기도를 받기 위해 오늘 아침 녀석이 내 창문 앞으로 인도되었을 수도 있으리라(멧돼지는 겁이 많은 야행성 동물이다).

사물의 중심에 가까이 갈수록 사물의 상관관계를 더 잘 관찰할 수 있다. 모든 피조물은 서로 연결되어 있다. 만물이 동일한 마음, 동일한 사랑에 의해 지음받았고 동일한 창조자에게 의존하고 있는 까닭이다. 우주를 설계하신 그분, 전능하신 하나님이 별을 탄생시키셨고, 명령하여 빛이 있게 하셨으며, 말씀으로 시간과 공간과 모든 형태의 물질 – 소금과 돌, 장미와 삼나무, 새와 동물과 물고기와 인간 – 을 존재케 하셨다. 박새와 칠면조가 그분에게 화답한다. 양, 돼지, 양지니가 그분의 것이다. 그분 마음대로 하실 수 있고, 그분이 소유하셨고, 그분이 아시는 바 되었다.

우리 역시 지음받았고, 소유되었고, 아시는 바 되었다. 멧돼지가 그분께 의지하듯이, 우리도 그분께 의지하고 있다. 나는 주님께 의지하며 평화로이 그분이 제공해주시는 양식을 먹던 암양을 보면서 나에게도 양식을 주시리라는 생각을 한다.

나의 아버지는 아마추어 조류 학자셨다. 야생 조류를 관찰하는 일이 취미 생활로 인기를 끌기 훨씬 전부터 새들에게 관심을 가지셨다. 아버지는 숲속을 걸어 다니며 새들의 울음소리와 지저귀는 소리를 흉내내어 종종 머리 위의 나뭇가지로 새들을 불러모으곤 하셨다. 아버지는 총천연색 슬라이드를 보여주시며 새들의 습성에 대해 설명하고 아름답게 지저귀는 소리를 흉내내기도 하면서 강의를 하셨는

데, 거의 언제나 이 시를 읊으면서 강의를 마치셨다.

개똥지바퀴가 참새에게 말했네.
"나는 알고 싶어.
왜 인간들은 그렇게나
허둥대고 근심하는지."

참새가 개똥지바퀴에게 말했네.
"친구여, 그들에게는
자네와 나를 돌봐주시는
그런 하나님 아버지가 없기 때문이라네."

우리에게는 정말 그런 아버지가 없는가? 물론 있다.

"…여호와여 주께서 하신 일이 어찌 그리 많은지요 주께서 지혜로 그들을 다 지으셨으니 주께서 지으신 것들이 땅에 가득하니이다… 이것들은 다 주께서 때를 따라 먹을 것을 주시기를 바라나이다 주께서 주신즉 그들이 받으며… 주께서 그들의 호흡을 거두신즉 그들은 죽어 먼지로 돌아가나이다… 주의 영을 보내어 그들을 창조하사 지면을 새롭게 하시나이다…"(시 104:24-30).

"너희 염려를 다 주께 맡기라 이는 그가 너희를 돌보심이라"(벧전 5:7).
"공중의 새를 보라 심지도 않고 거두지도 않고 창고에 모아들이지도 아니하되 너희 하늘 아버지께서 기르시나니 너희는 이것들보다 귀하지 아니하냐"(마 6:26).

나는 다시 메사추세츠의 우리 집으로 돌아왔다.

지난 밤 일몰 때, 바다에는 안개가 짙게 드리웠다. 안개 속에서 갈매기들의 모습이 희미하게 보였다. 갈매기들은 밤의 안식처가 있는 서쪽의 케틀 아일랜드를 향해, 세상에서 '본능'이라고 말하는 것에 이끌려 한치의 오차도 없이 정확하게 날아가고 있었다. 본능이란 그들을 인도하는 것이 무엇인지 알지 못할 때, 그것을 일컬어 과학자들이 사용하는 용어다. 나는 하나님이 그들을 인도하신다고 믿는다. 갈매기들은 그것을 알까? 개똥지바퀴와 참새는 그들이 보살핌을 받고 있다는 사실을 알까? 우리도 알 수 없다. 우리가 아는 것은 그들과 우리 사이에 큰 차이가 있다는 것이다.

우리는 '새처럼 자유롭게' 살고 싶다고 말하지만, 사실 하나님은 우리를 새보다 더 자유로운 존재로 창조하셨다. 하나님은 하나님의 형상대로 우리를 지으셨다. 즉, 그분은 다른 피조물에게 주지 않은 것을 우리에게 주셨다. 그것은 바로 이성과 의지와 선택할 수 있는 자유다.

하나님이 나를 부르신다. 지상의 다른 어떤 피조물보다도 더 깊은 의미를 담은 부르심을 나는 받고 있다. 그리고 그 부르심을 무시할 수 있기에 나는 어떤 의미에서 더 자유롭다. 귀를 귀울이지 않을 수 있다. 부르심이 없었다고 말할 수 있다. 하나님이 부르셨다거나, 혹은 하나님이 존재하신다는 사실까지도 부인할 수 있다. 은혜란 얼마나 놀라운 선물인가! 나를 지으신 이가 나로 하여금 당신의 존재를 부인할 수 있도록 허용하신다니! 하나님은 순종하지 않을 수 있는 자유를 가진 존재로 나를 창조하셨다. '순종할 수 있는 자유'란, 이에 상응하는 '순종하지 않을 수 있는 자유'가 없다면 아무 가치도 없는 것이기에, 나는 '아니오'라고 대답하거나 '네'라고 대답할 수 있다. 세상의 안개 속에서 평화로운 주님의 섬으로 나를 부르시는 이는 사랑하는 주님이시다. 그렇기에 우리가 인간으로서 성취할 수 있는 모든 것은 하나님의 부르심에 대한 내 대답에 달려 있다. 만약 내가 그분을 신뢰한다면 나는 기꺼이 그분께 순종하리라.

1장
훈련: 하나님의 부르심에 대한 응답

　성경에 나오는 이야기 중에서 어렸을 때 나를 가장 매료시켰던 이야기는 늙은 제사장 엘리와 어린 사무엘에 대한 이야기였다. 그때는 "여호와의 말씀이 희귀하여 이상이 흔히 보이지 않았더라… 사무엘이 아직 여호와를 알지 못하고 여호와의 말씀도 아직 그에게 나타나지 아니한 때"(삼상 3:1-7)였다. 그 아이가 성전에서 홀로 하나님의 궤 근처에서 자고 있을 때, 엘리라고 생각되는 목소리가 그의 이름을 부르는 소리를 들었다. 그는 세 번 주인의 부름에 순종하여 달려갔지만, 엘리가 그를 부르지 않았다는 말을 들었다. 마침내 그 늙은 제사장은 그 음성이 주님의 음성이었음을 깨닫고 소년에게 다음에 그 음성이 들렸을 때 어떻게 해야 할지 일러주었다.

"여호와께서 임하여 서서 전과 같이 사무엘아 사무엘아 부르시는지라 사무엘이 이르되 말씀하옵소서 주의 종이 듣겠나이다 하니"(10절).

아주 어렸을 때 나는 주님이 소년 사무엘을 부르셨다면 나도 부르실 거라고 믿었다. 나는 종종 그분께 "말씀하세요, 주님" 하고 말하곤 했다. 그분이 사무엘에게 오셨던 것처럼 내 옆에 와 계시기를 바라면서 말이다. 물론 나는 귀로 들을 수 있는 소리, 방 안을 비추는 빛, 내 손 위에 놓인 주님의 손을 실제로 느낄 수 있기를 바랐다. 주님은 내가 바라는 방법으로 응답을 주시지는 않았지만, 그분의 말씀은 부모님이 신실하게 가르쳐주신 성경 말씀에서부터 시작해 하나하나, 교훈에 교훈을 더하면서, 여기저기서 조금씩 여러 해 동안 수백 가지 방법으로 끊임없이 나에게 다가왔다.

성경의 위대한 전기들을 보면 언제나 하나님과 대면한 사람들의 이야기가 나온다. 성경은 하나님이 사람들을 아시고 부르시며, 사람들은 하나님께 응답하고 하나님을 알게 되는, 하나님과 사람들에 관한 책이다.

하나님은 아담과 이브에게 복을 주시면서 책임도 함께 부여하셨다. 그것은 신실할 것과, 땅과 거기 속한 모든 것들을 다스려야 할 책임이었다. 아담과 이브가 하나님을 거역하기 전에는 하나님과 아담

사이에 많은 교류가 있었다. 아담과 이브가 하나님을 거역했을 때 금단의 열매를 먹자고 한 사람은 이브였지만 호출받은 자는 아담이었다. "네가 어디 있느냐?" 아담은 변명을 늘어놓았지만 하나님은 그에게 계속 물으셨다. "누가 네게 그렇게 말했느냐?" "네가 먹었느냐?" "네가 무슨 짓을 했느냐?" 하나님은 대답을 요구하셨다. 그분은 아담을 책임지는 존재로 만드셨기 때문이다.

하나님은 노아에게 지구를 멸망시킬 계획을 밝히셨다. 그분은 노아에게 그와 그의 가족들이 심판을 피할 방법을 알려주셨다. "노아가 여호와께서 자기에게 명하신 대로 다 준행하였더라"(창 7:5).

아브라함은 '여러 민족의 아비'로 선택되었다. 그에게는 75세의 노인이 감당하기 힘든 철저한 순종이 요구되었다. 자기에게 친숙한 것들과의 이별, 안락한 환경을 떠남, 재물과 물질로부터 얻을 수 있는 안전의 포기. 그러나 그는 여호와의 말씀을 따라갔다(창 12:4).

모세 또한 그러했다. 불타는 떨기나무 가운데서 그의 이름을 부르는 소리(아마도 오래전 그가 광야에서 양 떼를 돌보고 있을 때 처음 들었을)를 들었을 때, 그는 하나님이 자기를 부르고 계시다는 걸 조금도 의심치 않았다. 모세는 대답했다. "내가 여기 있나이다"(출 3:4).

사무엘, 다윗, 예레미야, 마태, 다소의 사울 그리고 성경에 나오는 다른 많은 사람들의 삶을 보면, 아신 바 되고, 소유되고, 부름받고, 그에 따라 행동했음을 분명하게 알 수 있다. 그들은 '하나님이 나를 사용하고 계시는가?' '어떻게 하나님의 위대한 종이 될 수 있을까?' 하는 질문에 관심을 가진 사람들이 아니었다. 그들은 명성이나 평판, 성공 같은 것에 관심이 없었다. 그들이 어떤 계획을 가졌건 하나님의 계획이 그것보다 우선했다.

기독교 가정의 자녀로 자라면서 내가 처음부터 훈련이라는 말을 이해했던 것은 아니다. 내가 아는 것이란 단순히 나를 사랑하고 보살펴주는 사람들에게 속해 있다는 것이었다. 그것은 의존이다. 그들이 나에게 말하면 나는 대답했다. 그것은 책임이다. 그들이 나에게 할 일을 주었고 나는 그 일을 했다. 그것은 순종이다. 이것들이 더해져 훈련이 된다. 다시 말해서, 믿는 자들의 모든 반응의 총체가 훈련이다. 훈련과 순종이라는 두 단어를 서로 바꾸어 쓸 수 있는 경우도 더러 있지만, 나는 순종이 포함된 뜻으로 훈련이라는 말을 사용하며 여기에는 반드시 의존과 책임이 전제된다고 생각한다. 훈련이란 제자의 '직업'이라고 말할 수 있을 것이다. 훈련이라는 단어는 제자의 삶의 모습을 정확히 규정한다. 한편, 순종은 특정한 행동을 지칭한다.

훈련은 하나님의 부르심에 대한 믿는 자들의 응답이다. 이는 개인의 문제에 대한 해결책이나 필요의 공급이 아니라 주권에 대한 인식이다. 하나님은 우리에게 말씀하신다. 그리고 우리에게는 책임이 있다. 다시 말해, 반드시 응답해야 한다. '네'라고 말함으로써 우리에게 향하신 창조자의 영광스러운 목적을 성취할 수도 있다. 또는

'아니오'라는 대답으로 거역할 수도 있다. 우리가 도덕적 책임이라고 말할 때 의미하는 바가 이것이다. 하나님은 자유, 성취, 기쁨으로 우리를 부르시지만 우리는 그것을 거절할 수 있다. 이 세상의 기초가 놓이기 전 인간에 대해 하나님이 품으셨던 목적 속에 감춰진 인간의 자유 의지와 하나님의 주권에 대한 진리는 심오한 신비 속에 있다. 우리가 아는 것은 여기까지다. 전능하신 하나님이 자유로운 의지를 가진, 그리고 그렇기 때문에 부르심에 응답할 수 있는 인간을 창조하기로 결정하셨다.

예수님은 아버지의 뜻에 따라, 몸소 인간의 형상을 취하시고 자원해서 기꺼이 의존과 순종을 선택하심으로써 온전한 인간이심을 보여주셨다. 우리에게 인간성이란, 예수님에게도 그러했듯이, 의존과 순종을 의미한다.

우리가 절대적인 의존성을 인정하지 않으려는 것은 인간의 '피조성'을 위반하는 것이다. 또한 순종하고 싶어하지 않는 것은 우리의 인간성을 위반하는 것이다. 두 가지 모두 독립 선언이며, 육체적인 것이든 도덕적인 것이든, 본질적으로 무신론적이다. 두 가지 모두 부르심에 대한 대답이 '아니오'인 것이다. 프랭크 허튼Frank Houghton 주교의 아름다운 찬양 속에 아들의 아버지에 대한 의존과 순종이 잘 표현되어 있다.

세상에서 가장 부귀하신 당신께서
사랑을 위해 가난한 자 되셨네.
왕좌 대신 구유를
사파이어로 장식된 궁정 대신 마굿간 바닥을 택하셨네.

모든 찬양을 다 바쳐도 모자랄 당신께서
사랑 때문에 인간이 되셨네.
당신은 그렇게 낮아지셨고
당신의 영원한 계획 속에서 죄인들은 천국까지 들리워졌네.

당신의 사랑은 말로 다 표현할 수 없어라.
구세주요 왕이신 당신을 찬양하나이다!
임마누엘, 우리 안에 거하시며
당신 뜻대로 우리를 빚으소서.

    훈련이란 하나님의 부르심에 마음을 다해 '네'라고 대답하는 것이다. 내가 부름받고, 명령받았으며, 말씀을 받고, 그분에게 소유되었으며, 아신 바 되고, 그에 따라 행동했음을 깨달을 때, 나는 주님의 음성을 들은 것이다. 나는 내 자신을 기꺼이, 온전히 그리고 영원히 그분 손에 맡기며, 그분이 뭐라 말씀하시든 나의 대답은 '네'이다.

2장
우리의 부르심을 어떻게 알 수 있을까?

그리스도의 부르심에 이끌리는 것은 지구가 중력gravity에 의해 당겨지는 것과 비슷하다. 이 신비한 힘을 표현하는 데 사용된 단어gravity가 '신중함'이나 '열심'이라는 의미로도 사용된다는 점을 기억한다면 도움이 될 것이다. 이것은 중심을 향해 끌어당기는 힘이다. 내가 그 힘에 반응하여 그것에 의해 움직이면 나는 무게를 갖게 된다. 나는 신중하고 열정적이고 '진지한grave' 존재가 된다. 이와 동일한 진리가 영적, 물리적 세계에 모두 적용된다. 우주에서 우주인들은 기준점, 즉 중심으로 그들을 끌어당기는 힘이 없는 고충을 체험한다. 중력의 도움 없이 일상의 행위를 하려면 정상적인 환경 속에서 하는 것보다 훨씬 더 많은 노력이 필요하다(물을 컵에 따르는 것, 달걀 프라이를 먹는 것, 드라이버를 돌리는 것 – 물은 아래로 떨어지지 않을 것이고, 달걀은 포크에서 달아날 것이며, 드라이버는 돌아가지 않고 당신이 빙빙 돌게 될 것이다). '도덕적 중력'이 없는 곳, 다시 말해 우리를 중심으로 끌어당기는 힘이 없는 곳은 영적 무중력 상태다. 우리는 감정 위에 둥둥 떠다니다가 결코 계획하지 않았던 곳으로 가게 될 것이다. 종종 영적 체험이라고 생각하는 감정적 경험에 들떠서 자만심에 한껏 부풀어오른다. 신중함 대신 어리석음이 자리잡는다. 진지함 대신 경박해진다. 감상주의가 신학의 자리를 차지한다. 우리의 기준점은 우리가 견고한 반석 위에 서도록 도와주지 못할 것이다. 왜냐하면 그 기준점은 우리가 하나님의 부르심에 응답하기 전에는, 우리 자신일 뿐이므로. 우리는 혼란에 빠진다. 바울은 그런 자들을 "자기로써 자기를 헤아리고 자기로써 자기를 비교"(고후 10:12)하는 바보들이라고 부르고 있다.

우리가 부름받았음을 어떻게 알 수 있을까? 이 질문은 끊임없이 거듭되고, 주어진 답은 가지각색이며 혼란스럽다. 신약 성경은 그리스도인의 부르심을 다양하게 표현하고 있다.

"너희도 그들 중에서 예수 그리스도의 것으로 부르심을 받은 자니라"
(롬 1:6).

"너희를 불러 그의 아들 예수 그리스도 우리 주와 더불어 교제하게 하시는"(고전 1:9).

"형제들아 너희를 부르심을 보라"(고전 1:26).

"주 안에서 부르심을 받은 자"(고전 7:22).

"너희가 자유를 위하여 부르심을 입었으나"(갈 5:13).

"너희가 부르심을 받은 일에 합당하게 행하여"(엡 4:1).

"너희는 평강을 위하여 한 몸으로 부르심을 받았나니"(골 3:15).

바울은 어떤 사람들에게 이 구절을 썼을까? 그들은 혹시 특출한 재능과 완벽한 신체로 특징지어진 특별한 혈통을 가진 사람들이었을까? 우리는 그들이 평범한 사람들이었다는 사실과 믿음을 갖기 전에는 온갖 종류의 죄인이었음을 알고 있다. 바울은 그들이 '부름받았음'을 어떻게 확신할 수 있었을까? 그들이 부름받은 이유는 물론 순종 때문이다. 확신은 순종을 통해 온다. 하나님의 부르심은 행위를 통해서만 알 수 있다. 초대장은 보내졌다.

"수고하고 무거운 짐 진 자들아 다 내게로 오라 내가 너희를 쉬게 하리라 나는 마음이 온유하고 겸손하니 나의 멍에를 메고 내게 배우라 그리하면 너희 마음이 쉼을 얻으리니"(마 11:28-29).

"누구든지 목마르거든 내게로 와서 마시라"(요 7:37).

"이에 예수께서 제자들에게 이르시되 누구든지 나를 따라오려거든 자기를 부인하고 자기 십자가를 지고 나를 따를 것이니라"(마 16:27). 이 부르심은 보통 사람들과 제자들 모두를 향한 것이라는 사실에 주목해야 한다. 그가 조건을 받아들이기만 한다면 '누구든지 원하는 자'는 올 수 있다.

우리는 다음과 같은 질문을 할 필요가 없다. '내가 부름받았다는 걸 어떻게 알 수 있나요?' 그보다 이렇게 물어야 한다. '내가 부름받지 않았다는 걸 어떻게 알 수 있나요?' 우리는 위험을 무릅쓰고, 앞으로 나아가며, 하나님을 신뢰하고, 시작하라는 요구를 받았다. 예수님은 도움을 청하려고 찾아온 사람들에게 언제나 이것을 요구하셨다. 간혹 예수님은 일을 하시기 전에 사람들로 하여금 그들의 문제를 말하게 하시거나("너는 내가 무엇을 해주기 원하느냐?"), 그들의 요구를 확인하거나("네가 낫고자 하느냐?"), 종종 적극적인 어떤 행위("네 손을 내밀라")를 하라고 요구하셨다. 그들의 편에서 시작되는 어떤 믿음의 증거가 있어야 했던 까닭이다. 믿음의 첫걸음마를 뗀 후에는 매일매일 순종의 발걸음이 이어진다. 그리고 우리가 그분의 말씀 가운데서 그분과 계속 동행할 때, 우리가 부름받았으며 아무것도 두려워할 것이 없음을 확신하게 된다. 진실된 제자들이 가장 많이 가지고 있는 두려움은 아마 자기 자신의 무가치함일 것이다. 바울이 교회 안에서까지 난잡한 행위를 했던 고린도 교인들에게 편지를 썼을 때에도, 그는 그들의 부르심을 추호도 의심하지 않았다. 왜냐하면 그들은 하나님의 말씀을 듣고, 인도함을 받으며, 돌이킬 준비가 되어 있었기 때문이다. 그들이 부름받았음을 확신하게 해준 것은 그들이 가진 신앙의 완전함이 아니었다. 그들이 시작했기 때문이었다. 그 시작 속에서 바울은 믿음의 증거를 발견했다. "우리가 그리스도로 말미암아 하나님을 향하여 이같은 확신이 있으니 우리가 무슨 일이든지 우리에게서 난 것 같이 스스로 만족할 것이 아니니 우리의 만족은 오직 하나님으로부터 나느니라"(고후 3:4-5).

젊은이들이 이따금 나에게 이렇게 말하곤 한다. "만약 주님이 저를 선교사로 부르신다면 목숨을 바치겠어요." 또는 이와 비슷한 취지의 말을 한다.

나는 말한다. "훌륭해요! 그거야말로 가능한 최고의 출발점이에요. 그러나 당신이 먼저 '죽지' 않는다면 선교지에서 크게 쓰임받지 못할 거예요." 제자도의 첫째 조건은 '죽는 것' 이다. 그러므로 당신이 그 첫걸음을 떼어놓는다면, 정말 '부름받았음' 을 발견하게 될 것이다.

'욕구' 와 '확신' 은 소명을 이루는 데 모두 필요하다. 둘 중 욕구가 먼저 오는 경우가 많다. 선천적 기질에 의해서일 수도 있고, 정보나 혹은 알 수 없는 갈망에 의해 관심이 촉발되었을 수도 있다. 때로는 우리를 현혹할 만한 이런 감정들이 주어지고, 그분의 말씀을 통해

검증을 받으면, 그것은 다양한 방법으로 확인되고 확신으로 자리잡게 될 것이다. 간혹 확신이 먼저 오기도 하는데, 언제나 욕구와 함께 오지는 않으며, 무척 어려운 임무가 주어졌던 구약 성경의 선지자들의 경우처럼 오히려 두려움이나 불안감을 수반하기도 한다. 그럴 때 할 수 있는 일이란, 일어나 나아가는 것뿐이다.

C. S. 루이스^{C. S. Lewis}의 「캐스피언 왕자^{Prince Caspian}」에서 루시^{Lucy}라는 아이는 오빠들과 여동생과 함께 길을 잃었다가 달빛 속에서 하얗게 빛나는 거대한 사자를 만나게 된다. 다른 형제들은 그 사자를 본 적이 없었기에, 자신이 사자를 보았다는 사실을 믿지 않을 거라고 루시는 생각했다.

"자, 얘야," 아슬란이 말했다. "나는 여기서 기다리마. 가서 다른 형제들을 깨워서 데려오너라. 그들이 따라오지 않으면, 너 혼자만이라도 나를 따라와야 한다."

지쳐서 곯아떨어져 있는, 네 명이나 되는 형제들을 깨운다는 것은 정말로 어려운 일이었다. 게다가 그들을 깨워서 믿지도 않고 좋아하지도 않는 어떤 일에 대해서 이야기를 해야 한다는 것은 더욱 어려운 일이었다. 루시는 속으로 생각했다. "안 될 거라고 생각을 해서는 안 돼. 나는 반드시 그 일을 해야 하니까."

루시는 그렇게 했고, 결국 그들은 루시를 따라간다. 그들이 아슬란을 만났을 때, 그의 모습이 "너무나 당당해 보여서 그들은 기쁨과 두려움을 함께 느낄 수밖에 없었다."

루시는 믿었기에 볼 수 있었다. 다른 아이들은 믿지 않았기에 처음에는 보지 못했다. 언제나 그렇다. 믿는 자만이 부르심을 들을 수 있다. 그것은 우리 자신 너머로부터, 우리 사회 너머로부터, 우리가 살고 있는 세계 속에 만연해 있는 의견과 편견과 반항과 회의론 너머로부터, 우리의 시간과 취향 너머로부터 들려온다. 그 부르심은 만물의 중심, T. S. 엘리엇T. S. Eliot이 묘사했던 그 고요한 곳으로 우리를 이끈다.

말씀에 거역하여 소란한 세상은 끊임없이
고요한 말씀의 중심 주변을 소용돌이쳤다.

3장
명령 아래서

그리스도인의 훈련은 자기 자신을 명령 아래에 놓는 것이다. 이는 속독, 체중 조절, 조깅, 시간 관리, 집수리, 친구 사귀기 등의 목록으로 짜여진 자기 발전 계획과는 다른 것이다. 이런 계획들은 대체로 자기 자신을 위한 것이므로 강한 동기부여가 된다. 그것은 나에게 어떤 유익이 될까? 내 지능, 외모, 체격, 능력, 내 집, 은행 잔고가 얼마나 더 좋아질까? 더 많은 호의와 사랑을 받고 중요한 사람으로 인정받고 승진하게 될까? 만약 목표가 이런 것이라면 같은 야망을 가진 사람들과 함께하면서 그들의 격려를 받아가며 함께 목표를 추구하는 것이 분명 도움이 될 것이다. 사회적 압력도 큰 도움이 되긴 하겠지만, 결국 스스로 세운 계획의 성공 여부는 의지력에 달려 있다. 그러나 우리들 대부분은 그 의지력이 충분히 강하지 못하다.

제자는 지극히 단순한 결정을 내리는 사람이다. 예수님은 당신을 따르라고 우리를 초청하시고, 제자는 그 초청을 받아들인다. 그것이 쉬운 결정이라는 말이 아니다. 나는 그 결정이 날마다 새롭게 내려져야 한다는 사실을 깨우쳤다. 그리고 그 조건은 다수의 사람들을 끌어들일 만큼 흥미롭지도 않다. 예수님이 말씀하신 조건이란 이런 것들이다.

1. 자기를 부인하라.
2. 자기 십자가를 지라.
3. 그리고 나를 따르라.

결정을 내린 후에는 이런 결과가 보장되어 있다.

1. 누구든지 제 목숨을 구원하고자 하면 잃을 것이다.
2. 누구든지 나를 위하여 제 목숨을 잃으면 찾을 것이다.

제자란 자력으로 자아실현을 하도록 홀로 남겨진 자가 아니다. 제자는 자기의 인생이나 자유나 행복을 찾기 위해 '자기 일'을 하는 자가 아니다. 제자는 자신을 주인에게 드리면서 자신을 부인한다. 어떤 평범한 지역의 어떤 평범한 인생이라도 이렇게 할 수 있는 기회는 충분히 많이 있다. 근래에 나는 뉴욕의 시내 버스에서 한 여인이 손을 뻗어 작은 창문을 여는 모습을 보았다. 버스가 사람들로 가득 차 있어서 나는 신선한 공기를 조금이나마 마실 수 있게 된 것이 기뻤다. 그런데 다른 여자가 그 창문을 거칠게 쾅 닫아버렸다.

"바깥 공기가 그다지 차지 않아요. 바람이 좀 들어오면 좋잖아요?" 문을 열었던 여인이 말했다.

"내 등에다는 안 돼요." 너무나 당당한 목소리였다.

그러나 제자가 따르는 삶의 규칙은 다르다. 그 규칙은 죄인에게는 당연하지 않다. 제자는 스스로를 '지게' 만든다. 이것이 그가 짊어진 십자가의 위대한 원칙이다. 자기가 잃음으로 다른 사람이 얻고, 자기의 불편으로 다른 사람들을 편하게 해주는 것이다. 우리는 하나님을 위해서 뛰어난 업적을 성취하거나 위대한 순교를 머릿속에 그리면서 쉽게 따르겠다는 고백을 하지만, 목 뒤에 약간의 찬 공기가 닿는 순간 첫 번째 조건을 망각하고 만다.

내가 대학을 다닐 때에는 졸업 앨범이 나오면 친구들의 사인을 받는 풍습이 있었다. 대부분 사인과 함께 몇 마디 말을 적었는데, 여학생이 자기가 특별히 좋아하는 남학생에게 사인을 요청할 때는 그가 적는 말 속에 자신을 향한 감정이 암시되어 있기를 은근히 기대했다. 짐 엘리엇Jim Eliot(나의 첫 번째 남편)은 나의 휘튼 타워Wheaton Tower에 사인을 하면서 성경 구절 하나만을 적어 넣었는데, 디모데후서 2장 4절이었다.

"병사로 복무하는 자는 자기 생활에 얽매이는 자가 하나도 없나니 이는 병사로 모집한 자를 기쁘게 하려 함이라." 메시지는 분명했다. 내가 어떤 소망을 가지고 있었건, 그리고 당시에는 표현하지 않았지만 짐이 나에게 어떤 감정을 가지고 있었건 간에 그의 인생을 인도하고 있는 원칙이 우선되어야 한다는 것이었다. 그는 다른 누군가의 명령에 따라 살고 있었으므로 미래를 자기 마음대로 계획할 수 없다는 것이다.

'군인'이라면 누구라도, '그리스도의 제자'가 되고자 하는 자라면 누구라도 날마다 부대 지휘관에게 업무 시작을 보고해야 한다. 당신이 섬기는 분은 주님이시다. 군인이 지휘관을 위해 하는 일은 호의를 베푸는 것이 아니다. 지휘관은 어떤 일이라도 요구할 수 있을 것이다. 그는 자기 마음대로 그 병사를 배치할 것이다. 이런 생각은 현대인의 마음속에 공포를 불러일으킨다. "아무도 나에게 무엇을 하라고 지시할 수 없어. 아무도 나를 마음대로 이용할 권리는 없어."

이런 사고방식은 그리스도인들에게도 큰 영향을 미쳐서 제자도는 '특별한' 것이라는 생각을 갖게 되었다. 우리는 교회에 다니고, 기도를 하며, 사랑과 교제를 나누고, 감미로운 찬양을 부르면 우리

몫의 고난을 담당하지 않아도 그리스도인이 될 수 있다고 생각한다. 스스로에게 이렇게 말한다. "성인聖人의 대열에 들고 싶어하는 사람들이나 제자의 삶('특별한 사람들의 삶')을 살려고 애쓰겠지. 그런 이상하고 광신적인 생활 방식은 보통 사람들에게는 적합하지 않아."

마치 제자가 되지 않고도 그리스도인이 될 수 있는 것처럼 들린다.

"네, 저는 그리스도인이 되고 싶어요. 그렇지만, 당신의 제자가 되고 싶지는 않아요. 주님, 어쨌든 아직은 아니에요. 그건 좀 지나친 기대예요."

"네, 제자가 되겠어요. 그렇지만 내 자신을 부인하고 싶지는 않아요."

"당신이 그렇게 말씀하시면 내 자신을 부인하겠어요, 주님, 그렇지만 십자가를 지라고는 하지 마세요. 그걸 감당할 수 있을지 모르겠거든요."

"당신을 따르라구요, 주님? 글쎄요… 그래요, 그러지요. 그런데 한 가지만 물어봐도 될까요? 우리는 어디로 가게 되는 건가요?"

이보다 더 복음의 정신과 먼 것은 없으리라. 그리스도가 죽으신 이유는 다름아닌 "…살아 있는 자들로 하여금 다시는 그들 자신을 위하여 살지 않고 오직 그들을 대신하여 죽었다가 다시 살아나신 이를 위하여 살게 하려 함이라"(고후 5:15)고 했다.

신약 성경에 나오는 말대로 하자면 그리스도인이 되는 것은 제자가 되는 것이다. 그것은 두 가지 길이 아니다. 우리에게는 죄의 형벌에서 우리를 구원하시고 용서하신 구세주가 있다. 우리들은 대개 그 사실은 기꺼이 받아들인다. 그러나 그분이 죽으신 것은 우리를 죄 – 많은 경우 우리가 좋아하고 버리기 싫어하는 – 로부터도 구원하기 위해서였다. 그리스도가 악의 세력보다 강하지 않으셨다면 우리를 죄로부터 구원하지 못하셨을 것이다. 예수 그리스도는 주님이시므로 구세주시다. 구세주시므로 주님이시다. 그렇기에 그리스도가 내 인생의 '지휘관'이 되셔야 한다.

4장
은혜, 성경, 성령 – 그리고 또 한 가지

과체중인 한 여인이 하나님께 식욕이 떨어지게 해달라고 여러 해 동안 기도했지만 응답하지 않으셨다고 나에게 말했다. 그녀는 체중이 계속 불어났고 자신을 혐오하게 되었다.

"주님, 왜 식욕이 떨어지게 해달라는 제 기도에 응답해주지 않으시나요?" 그녀는 물었다.

"그럼 네가 해야 할 일은 무엇이냐?" 그분이 되물으셨다.

"나는 그 순간 나에게 책임이 있다는 걸 깨달았어요. 만약 나에게 먹고 싶은 유혹이 없었다면 먹지 않았겠지요. 나는 하나님이 그렇게 쉽게 일을 처리하지 않으신다는 것을 깨달았어요. 스스로 훈련하고 결심을 실천하도록 그분이 도와주신다는 것을 신뢰하는 일부터 시작해야 했지요."

하나님은 우리를 위해서 모든 것을 해주시지는 않는다. 그분은 훈련의 방법들을 제공하신다. 그렇다면, 훈련이 우리를 구원할 수 있을까? 아니다. 우리는 그리스도로 인해 구원받는다. 이것은 분명한 사실이다. 기독교 초기부터 사람들은 훈련을 구원의 수단으로 생각하는 오류에 빠져왔다.

구원은 선물이다. 순수하고 영원한 선물이다. 우리는 은혜 외에 다른 어떤 것으로도 구원을 얻을 수 없다. 훈련은 그리스도에 대한 나의 권리가 아니라, 나에 대한 그분의 권리의 증거다. 내가 그분을 주님으로 '만들지' 않는다. 주님으로 인정할 뿐이다. 진심으로 그분을 주님으로 인정하는 것 안에는 그분의 뜻대로 하겠다는, 다시 말해 그분의 말씀대로 훈련을 받으며 살겠다는 강한 의지가 포함되어 있다. 그러나 그것조차도 우리 힘으로 다 할 수 있는 것이 아니다. 다음 사실이 우리를 돕는다.

첫째, 그리스도인은 은혜 아래 있다. 우리는 은혜로 훈련받는다. "모든 사람에게 구원을 주시는 하나님의 은혜가 나타나 우리를 양육하시되 경건하지 않은 것과 이 세상 정욕을 다 버리고 신중함과 의로움과 경건함으로 이 세상에 살고…"(딛 2:11-12).

둘째, 그리스도인에게는 지침서가 있다. 우리는 그 책으로 훈련받는다. "모든 성경은 하나님의 감동으로 된 것으로 교훈과 책망과 바르게 함과 의로 교육하기에 유익하니…"(딤후 3:16).

셋째, 그리스도인에게는 성령님이 계시다. 우리는 성령의 훈련을 받는다. "하나님이 우리에게 주신 것은 두려워하는 마음이 아니요 오직 능력과 사랑과 절제하는 마음이니"(딤후 1:7).

그렇다, 은혜가 이를 가능케 한다. 성경은 길을 제시한다. 성령은 우리를 격려하신다. 그러나 여기에 인간이 해야 할 것이 한 가지가 더 있다. 이것이야말로 우리가 할 수 있는 가장 위대한 일이다. 바로 살아계신 하나님을 전적으로 신뢰하는 것이다. '믿음'이 하나님의 유일한 요구 사항이다.

마치 기독교 신앙인 것처럼 보이지만 감정에 불과한 것이 있다. 이러한 믿음의 척도는 순전히 느낌이다.

'하나님의 백성들과 함께 모인 시간 그때가 가장 즐겁다'는 찬양이 있다. 이 찬양은 어떤 사람들이 믿음에 대해 알고 있는 바를 표현하고 있다. 그들은 느낌이 있으면 믿고, 느낌이 사라지면 믿음을 잃는다.

야고보는 그의 서신서에서 이점에 대해 분명하게 썼다.

"내 형제들아 만일 사람이 믿음이 있노라 하고 행함이 없으면 무슨 유익이 있으리요 그 믿음이 능히 자기를 구원하겠느냐 만일 형제나 자매가 헐벗고 일용할 양식이 없는데 너희 중에 누구든지 그에게 이르되 평안히 가라, 덥게 하라, 배부르게 하라 하며 그 몸에 쓸 것을 주지 아니하면 무슨 유익이 있으리요 이와 같이 행함이 없는 믿음은 그 자체가 죽은 것이라 어떤 사람은 말하기를 너는 믿음이 있고 나는 행함이 있으니 행함이 없는 네 믿음을 내게 보이라 나는 행함으로 내 믿음을 네게 보이리라 하리라 네가 하나님은 한 분이신 줄을 믿느냐 잘하는도다 귀신들도 믿고 떠느니라 아아 허탄한 사람아 행함이 없는 믿음이 헛것인 줄을 알고자 하느냐 우리 조상 아브라함이 그 아들 이삭을 제단에 바칠 때에 행함으로 의롭다 하심을 받은 것이 아니냐 네가 보거니와 믿음이 그의 행함과 함께 일하고 행함으로 믿음이 온전하게 되었느니라"(약 2:14-22).

믿음은 감정도 아니고 느낌도 아니다. 예수님이 사도들에게 용서해야 할 의무 – 하루에 일곱 번씩 일흔 번이라도 – 를 부여하실 때 분명하게 밝히신 것은 실천하는 순종이었다. 그분은 사도들에게 한 사람이 그렇게 많은 잘못을 해도 용서해주어야 한다고 하셨다. 그러기 위해서는 믿음이 필요했지만, 사도들은 자신들의 믿음이 그만큼 크지 않음을 어렴풋이 깨달았다. 감정과 느낌만으로는 예수님의 명령에 순종할 수 있는 데까지 이르지 못했다. "주여, 우리에게 믿음을 더해주소서!" 그들은 말했다. 어쩌면 그들은 특별한 은혜의 기적으로 그들에게 엄청나게 큰 믿음이 주어지기 전에는 순종을 기대하지 말라는 뜻을 암시함으로써 순종을 회피하려고 했는지도 모른다. 실로 엄청나게 큰 믿음이어야 하리라! 그렇데 왜 예수님은 겨자씨만 한 믿음만 있어도 뽕나무를 뿌리째 뽑을 수 있다고 그들에게 말씀하셨을까? 그들이 믿음을 키우는 방법은 열심히 해야 할 일을 하는 것이었다. "이와 같이 너희도 명령 받은 것을 다 행한 후에 이르기를 우리는 무익한 종이라 우리가 하여야 할 일을 한 것뿐이라 할지니라"(눅 17:10).

오늘날에는 그런 정신을 찾아보기 힘들다. 우리는 주권을 인정하지 않는다. 우리 자신을 주님 뜻대로 할 수 있는 존재로 생각하지 않는다. 그리고 칭찬을 기대한다. 적어도 고맙다는 말 한 마디나 인정해주는 작은 다독거림을 원한다.

"내가 지금까지 사람들의 기쁨을 구하였다면 그리스도의 종이 아니니라"(갈 1:10)고 바울은 말했다. 인정을 받아야 할 분은 우리가 하는 일의 책임자이신 그분이시지 우리가 아니다. 종이 주인을 섬기는 것은 당연한 일이다. 그것은 전혀 특별한 일이 아니다.

내가 아는 한 부부가 결혼한 지 1, 2주밖에 되지 않았을 때 아내가 쇼핑을 갔다. 남편은 아내가 없는 동안 그녀가 놀라고 기뻐할 만한, 그녀를 얼마나 사랑하는지 보여주기 위해 할 수 있는 일이 무엇일까 곰곰이 생각했다. 멋진 계획이 떠올랐다. 그는 무릎을 꿇고 엎드려 부엌 바닥을 닦았다. 그의 생각에 그 일은 품위 있는 일은 아니어서 하는 내내 무척 수치스러웠다. 앤^Ann이 얼마나 놀랄까! 그는 기대에 부풀어, 베푼다는 게 얼마나 축복인지 생각하며 그녀가 돌아오기만을 기다렸다.

마침내 그녀가 집으로 돌아왔다. 그리고 가벼운 발걸음으로 부엌에 들어와 식료품 봉지들을 조리대 위에 내려놓고 부엌 바닥을 보았다.

"와, 바닥이 깨끗해졌네. 고마워 자기!" 그녀는 이 말만을 하고 물건들을 정리하기 시작했다.

그 남자는 3일 동안 의기소침했었다고 나에게 말했다. 그는 마음이 상했다. 그는 모욕당했다고 느꼈다. 그는 적절한 감사를 받지 못했다. 그리고 베푸는 축복이 순식간에 고갈되었다. 그가 기대했던 감사를 받지 못했기 때문이었다.

앤은 무엇이 문제인지 전혀 눈치채지 못했다. 그녀가 몰랐던 것은, 남편이 아내를 위해 준비한 깜짝 이벤트가 부엌 바닥을 닦는 일이라는 생각을 해본 적도 없다는 것이다. 또한 그가 몰랐던 것은, 아내의 가족들은 여자들이 그 일을 한 적이 없다는 것이다. 앤의 아버지는 그 일은 남자가 해야 할 일이라고 생각했고 당연히 그렇게 했다.

그 젊은 남편은 교훈을 얻었다. 그리고 예수님이 가르치신 교훈을 좌우명 삼아 벽에 붙여놓았다. "우리는 무익한 종이라 우리가 하여야 할 일을 한 것뿐이라"(눅 17:10).

우리에게는 주어진 과제가 있다. '믿음'이 그 과제다. 우리가 구원받는 일에 조금이라도 기여할 수 있다고, 하나님을 위해 일하고 있다고, 혹은 우리가 한 일에 그분이 빚지고 있다고 생각함으로써 우리 자신을 기만하지 말자.

"너희는 그 은혜에 의하여 믿음으로 말미암아 구원을 받았으니 이것은 너희에게서 난 것이 아니요 하나님의 선물이라 행위에서 난 것이 아니니 이는 누구든지 자랑하지 못하게 함이라 우리는 그가 만드신 바라 그리스도 예수 안에서 선한 일을 위하여 지으심을 받은 자니 이 일은 하나님이 전에 예비하사 우리로 그 가운데서 행하게 하려 하심이니라"(엡 2:8-10).

선한 일을 위하여 지으심을 받았다. 더 더할 것도 뺄 것도 없다. 하나님의 계획이었다. 그분이 설계하셨다. 설계자가 필요한 원리를 이해하고 그 원리에 따라 정밀한 기계를 설계했다면 그 기계가 작동하기를 기대하는 것과 마찬가지로, 그분은 우리가 일하기를 기대하신다. 그리고 그 기계가 작동한다고 해서 기계가 칭찬받지는 않는다.

5장
주권자 하나님과 인간의 선택

기계의 비유는 완전하지 않다. 이 비유는 창조자의 의지와 그분이 만드신 것에 대한 절대적인 주권을 이해하는 데는 도움이 되지만 인간의 의지는 설명하지 못한다. 하나님의 주권에 대한 문제를 이 책의 범위 내에서 적절하게 잘 설명하기란, 설사 나에게 그런 능력이 있다고 해도 불가능할 것이다. 그리고 나는 그런 능력도 없다. 하지만 내가 이 신학적 미스테리의 몇 가지 특징을 이해하는 데 도움이 되었던 것을 제시할 수는 있다.

만약 하나님이 큰 것들을 지배하신다면, 분명 작은 것들도 지배하실 것이다. 그분은 바람, 폭풍, 바다는 지배하시지만, 그것들을 움직이게 하는 기압은 지배하시지 않는다거나, 바다의 경계를 살피시며 밀물과 썰물을 일으키시지만, 작은 파도나 그 속에서 헤엄치는 생물들이나 이 모든 것을 구성하는, 복잡하게 얽혀 있는 분자나 원자와는 아무 상관이 없다고 한다면 말이 되지 않을 것이다.

최근에 나는 규조 diatorn 라고 하는 경이로운 미생물에 대해서 알게 되었다. 이것은 아주 작은 단세포 조류로서, 가장 큰 규조의 지름이 1밀리미터밖에 되지 않는다. 이것은 헤엄쳐 다니고 땅을 파기도 하기 때문에 식물이라는 꼬리표를 붙이는 게 정확한지에 대해서는 논란의 여지가 있지만, 지구상에서 가장 생명력이 강한 '식물'로 일컬어진다. 이것은 다른 어떤 생물보다도 많은 식량을 제공하고 있지만, 설계자가 이것을 먹이로만 계획하셨다면 이렇게 멋지게 만들 필요가 없었을 것이다. 규조는 풍차, 용수철, 원반, 막대기, 타원, 삼각형, 별, 샹들리에 등 헤아릴 수 없이 많은 형상을 가지고 있다. 수많은 미생물들, 요각류의 수생동물과 크릴이 이것을 먹는다. 물고기들도 먹고, 혹등고래도 몇 시간에 한 번씩 수천억 개의 규조를 들이마신다. 범고래도 즐겨 먹는데, 범고래의 체중을 약 500그램 늘리는 데 5톤의 작은 별과 샹들리에가 필요하다.

누가 이 놀라운 먹이사슬을 만들었을까?

알버트 아인슈타인 Albert Einstein 은 이렇게 말했다. "우주의 법칙 속에서 분명하게 모습을 드러내고 있는 인간의 영보다 훨씬 월등한 영이 있는데, 미약한 존재인 우리는 그 앞에 섰을 때 겸손해질 수밖에 없다. 인과율은 분명 존재한다. 우주는 우연에 의해 운행되지 않는다. 하나님은 주사위를 굴리지 않으신다."

만물의 근원이신 하나님은 '우리 또한 근원이 되도록 만드셨다'.

스스로 결정할 수 있는 인간의 능력은 하나님이 예정하신 것으로, 그분이 인간에게 당신과 같은 자유를 줄 필요를 느끼신 것이다. 인간을 사랑하시기에 그분의 뜻에 인간이 응답하기를 원하셨기 때문이다.

밀밭을 보러 들판에 나갔던 목사와 농부의 이야기가 있다. 아름답게 물결치는 밀밭을 바라보며 목사가 말했다. "음, 존John, 당신과 하나님은 정말 멋진 일을 해냈군요."

농부는 모자를 뒤로 넘기며 묵묵히 들판을 응시하다가 천천히 말했다. "하나님이 홀로 일하시는 걸 목사님이 보셨어야 해요."

성육신 다음으로, 주권자이신 하나님이 나의 참여를 명하신다는 것만큼 놀랍고 겸허한 진리를 나는 알지 못한다. 이것은 우주의 질서다. 모든 피조물은 그에 걸맞는 장소가 주어져 있고, 인간을 비롯한 각각의 개체는 전체 속에서 자기 몫을 담당하고 있다. 그러나 인간은 엄청난 자유를 부여받은 유일한 존재다. 그 농부는 밀을 심기로 결정했다. 만약 그가 그 결정을 내리지 않고, 그 반짝이는 알곡을 생산해 내기 위해 구슬땀을 흘리지 않았다면, 그 밀밭은 없었을 것이다. 만약 하나님이 애초에 지구를 만들지 않으셨다면, 해에게 빛을 비추게 하시고 비를 내려주시며, 농부가 뿌린 씨앗에 생명을 틔우라고 명하지 않으셨다면, 그 밭은 그곳에 없었을 것이다.

우리가 말하는 그리스도인의 훈련이란 하나님의 부르심에 전심으로 '네'라고 대답하는 것이다. 반드시 두 개의 의지, 하나님의 주권적 의지와 인간의 자유 의지가 있어야 하며, 그 둘이 조화롭게 작용하고 있음을 이해하는 것이 무엇보다도 중요하다. 만약 두 의지가 존재한다는 사실을 잊고 하나님의 주권적인 의지만 생각한다면 우리는 우리의 책임을 저버리고, 모든 것을 이해할 수 없는 것으로 치부하는 이슬람교의 운명론에 빠지게 될 것이다. 이와는 반대로, 우리가 하나님의 주권을 망각하고 스스로를 독립적인 존재로 생각한다면 우리는 스스로 모든 책임을 떠맡고 하나님을 배제시킬 것이다. 다시 말해서, 우리 자신을 하나님으로 만들 것이다. 두 가지 경우 모두, 우리는 그분의 뜻을 이루지 못하고 기쁨과 자유를 빼앗기게 될 것이다.

하나님은 그분의 행위와 인간의 행위가 함께 어우러지도록 하셨다. 성경은 사랑과 능력이 충만하신 하나님이 죄 많고 연약한 인간들을 택해 자유롭게 행하도록 허락하시고, 그분이 행하는 일에 의지를 갖고 참여하도록 만들어 그분의 목적을 이룬 이야기로 가득 차 있다.

이스라엘 백성들이 '마귀와 깊고 푸른 바다 사이'에 있는 자신들의 처지를 알게 되었을 때, 다시 말해 쫓아오는 이집트 사람들과 홍해 사이에 있게 되었을 때, 그들은 절망에 빠졌다. 이스라엘 백성들은 그들을 이런 곤경에 빠트린 모세에게 분통을 터트렸다. 모세는 우리가 잠잠히 있으면 주님이 구해주실 것이라고 약속했다. 그가 맞았다. 주님은 그들을 구원하셨다. 그러나 그들의 협조 없이, 즉 모세와 백성들 모두의 순종없이 그렇게 하시지 않았다.

"이스라엘 자손에게 명령하여 앞으로 나아가게"(출 14:15) 하라고 하나님은 말씀하셨다. 모세는 하나님의 말씀을 말씀 그대로 믿어야 했고, 그 말씀 대로 행해야 했다. 만약 그가 의심했다면 모든 것을 잃었을 것이다. 모세는 하나님을 신뢰했고 백성들은 모세를 신뢰했다. 그리고 그들 또한 순종했다.

하나님은 말씀하셨다. "지팡이를 들고 손을 바다 위로 내밀어 그것이 갈라지게 하라"(16절). 모세는 분명 이런 생각을 했으리라. 내 지팡이? 내 손? 이런 다급한 상황에서 이런 것들이 무슨 소용이 있단 말인가? 그는 '대항할 수 없는 세력'과 '움직이지 않는 대상' 사이에 있었다. 그런데 지팡이나 손이 어떻게 하나를 멈춰 세우거나, 다른 하나를 조금이라도 움직이게 할 수 있을지 상상할 수 없었다. 그래도 순종했다. 하나님의 주권이 역사하시기 시작했다. 바람이 일어 하나님의 명령을 행했다. 바다도 순종했다. 이집트인들은 물에 빠졌고, 이스라엘 백성들은 구원받았다. 이것이 주권이다. 한 사람에 대한, 한 민족에 대한, 자연에 대한 그리고 적에 대한…. 그러나 그러기 위해서는 자유를 가지고 행동하는 사람도 있어야 한다.

"모든 혈육 있는 자의 포악함이 땅에 가득하므로 그 끝 날이 내 앞에 이르렀으니 내가 그들을 땅과 함께 멸하리라"(창 6:13). 하나님이 노아라는 남자에게 말씀하셨다. 그는 하나님과 동행하는 사람이었다. "너는 고페르 나무로 너를 위하여 방주를 만들되… 너와는 내가 내 언약을 세우리니…"(14-18절). 노아는 순종했다. 하나님의 지시대로 행하고자 했던 그의 의지는 인류와 모든 동물의 종이 구원받는 결과를 낳았다. 노아의 의지와 행위 그리고 그의 믿음이 함께 작용했다. 우리는 다시 한 번 '믿음'이라는 것이 느낌이나 종교적 감상과는 거리가 멀다는 사실을 알 수 있다. 믿음은 모호하지 않다. 믿음은 주님의 말씀을 듣고 그것을 행하는 것이다. "행함이 없는 믿음은 그 자체가 죽은 것이라"(약 2:17).

우리는 노아가 방주를 지었다고, 노아가 그의 가족과 동물들을 구했다고 말한다. 그러나 영적인 관점에서 보면, 방주를 짓고 가족을 구하며 온 세상이 잘못되었음을 나타내고, 믿음이 어떤 것인지 생생하게 묘사한 믿음의 초상화의 전시장인 히브리서 11장에 노아의 이름이 들어가게 만든 것은 믿음이었다. 노아는 자기가 주권적 의지를 가진 존재임을 알고 있었다.

인간의 의지가 하나님의 의지와 조화를 이루며 행동하는 것, 그것이 믿음이다. 인간의 의지가 하나님의 의지를 거스르는 것, 그것이

불신이다.

하나님은 혼자 모든 것을 하기로 선택하실 수도 있었다. 그러나 그분은 새는 둥지를 짓고 알을 품으며, 미생물은 유기체를 분해하고, 연어는 알을 낳기 위해 힘겹게 강을 거슬러 올라가며, 지렁이는 토양에 산소를 공급하고, 벌은 벌집을 지으며, 사람은 의지를 가지고 노동을 하도록 세상을 설계하셨다.

여기서 초점을 맞춰야 할 것은 '하고자 하는 의지'다. 우리는 "뜻이 하늘에서 이루어진 것 같이 땅에서도 이루어지이다"(마 6:10)라고 기도한다. 천국에서 하나님의 뜻은 언제나 기꺼이 이루어진다. 기꺼운 순종은 강요와는 전혀 다르다. 한 대학 학장이 관찰한 바에 의하면 어느 대학에서든지 가장 행복한 학생들은 음대와 체육대 학생들이었다. "왜 그렇죠?" 나는 물었다. "왜냐하면 그들은 훈련되어 있고, 훈련받기를 자청했기 때문이지요." 필수 과목 강의를 듣기 위해 강의실에 앉아 있는 사람들은 훈련받는 중이며, 휴게실에서 텔레비전 앞에 앉아 있는 사람들은 '지원자들'이다. 그런데 운동 선수와 음악가들은 자발적으로 코치나 지휘자 아래 들어가 지시를 받는다. 그들은 코치나 지휘자의 뜻에 기꺼이 따른다. 그리고 그들은 그것을 즐긴다.

하나님은 당신의 뜻을 따르라고 우리에게 강요하시지 않는다. 그분은 우리를 초대하신다. 우리가 하고자 하는 의지를 갖기 원하신다.

다시 말해, 그분은 우리가 거부하거나 받아들일 자유를 갖기 원하신다. 우리가 제자가 되기 원한다면, 풋볼 선수나 연주자가 그러하듯이 누군가의 지시를 받아야 한다. 그는 우리에게 무엇을 할지 말해주고, 우리는 그것을 하면서 행복을 얻으며, 다른 것에서는 행복을 찾지 못할 것이다. 우리가 원하는 것만 하고 원치 않는 것을 저버린다는 것이 자유에 대한 보편적인 생각이지만, 실제로는 그렇지 않다. 행복을 찾을 수 없을 것이다. 자유는 규칙을 지키는 곳에 존재한다. 기쁨도 그 안에서 얻어진다. 오케스트라의 바이올리니스트는 지도자의 지시를 최우선으로 따른다. 그는 지도자가 정한 규칙에 따라 악기를 연주한다. 그 다음으로 그는 음악의 강약, 음표, 쉼표, 속도 등을 표시해 놓은 악보를 보며 그 음악을 작곡한 작곡가의 지시에 따른다. 그리고 마지막으로, 그는 지휘자의 지시에 따른다. 지휘자는 말이나 몸짓으로 그가 원하는 것을 전달하고 바이올리니스트는 그 전달 사항에 따라 연주한다.

전 오케스트라가 곡 전체를 가장 아름답게 만들기 위해 하나하나의 음을 어떻게 이끌어내야 하는지 정확하게 아는, 엄청난 에너지를 가진 한 사람의 지휘 아래 활을 켜고, 불고, 두드리고, 현을 타고, '꽝' 하고 치면서 열정적으로 연주하는 광경만큼 유쾌하게 자유와 기쁨을 표현하는 이미지가 또 있을까? 예를 들어, 이 이미지를 다른 종류의 '행복 추구'와 비교해보라. 더운 주일 오후 한 시골 장터에서

솜사탕을 사기 위해 줄을 선 사람들, 롤러 코스터를 타기 위해 줄을 선 사람들, 잔디 위에서 열리는 음악회 표를 사기 위해 줄을 선 사람들, 몰려 다니며 서로 밀어 제치는 땀에 젖은 사람들, 아이스크림을 사달라며 떼쓰는 유모차에 탄 아기, 놀이기구를 더 타겠다고 소리지르는 아장아장 걷는 아이들, 기진맥진한 부모들, 멍한 표정의 십대들, 무료한 노인들, 떼지어 몰려 다니며 아무에게나 치근덕대는 패거리들, 행상들, 사격장, 오락기, 최대 음량으로 틀어놓은 음악 소리 등 소음으로 귀가 먹먹해진 사람들이 즐길 거리를 찾고 있다. 모두가 자기만의 일을 하느라 '자유롭다'. 그러나 결과는 혼란과 소음이다. 고백하건대 자기만의 일을 하고 있는 사람은 아무도 없지만 순종함으로써 오히려 모두가 자유로운, 첫 번째 이미지가 나에게는 훨씬 호소력이 있다.

 나 아닌 다른 누군가가 책임을 지고 있으면 안도감이 든다. 그는 자기가 무엇을 하고 있는지 알고 있으며, 당신은 지시를 따르기만 하면 된다. 당신은 그가 당신에게 지시하는 것에 반발하지 않는다. 당신은 지시받는 걸 기뻐한다. 그는 당신보다 더 많이 알고, 당신이 이루고자 하는 것을 이룰 수 있는 최선의 방법을 알고 있다. 그리고 그가 없는 것보다 그와 함께하는 것이 더 현명하며, 그를 거스르는 것보다 순종하는 것이 더 행복하다는 것을 확신하기에 그렇다.

 우리(남편과 나)는 노리치Norwich의 주교의 초대로 노리치 성당을 방문했다. 노리치 성당 탑은 일반인들의 출입이 허용되지 않았는데, 우리는 젊은 성당지기의 안내를 받아 그곳에 올라갈 수 있었다. 책임자를 아는 것이 도움이 되었다. 우리는 기꺼이 그의 지시를 따랐다.

우리는 지하 감옥에 갇혀 물과 빵으로만 연명하다가 마침내 참수당하기 위해 탑을 올라간 것이 아니었다. 라르스와 나는 그 마을과 아름다운 노리치의 전원 풍경과 성당을 가까이에서 조망하고 싶었다. 그리고 내가 기대했던 또 다른 즐거움이 있었는데, 그것은 감춰진 계단의 신비를 느끼면서 비밀 장소로 들어가는 짜릿함이었다. 우리 두 사람 모두 만족했다.

하나님은 결코 우리를 실망시키지 않으실 것이다. 그리고 우리를 사랑하시며 우리에게 한 가지 목적만을 가지고 계신다. 그것은 거룩함인데, 그분의 왕국에서 그것은 기쁨과 동격이다. 그 주교가 우리에게 해를 가한다거나 그 성당지기가 가는 길을 모를 거라는 의심이 조금이라도 들었다면, 우리는 절대 그를 따라 어두컴컴한 통로로 들어가지 않았을 것이다. 만약 하나님이 우리를 사랑하지 않으시며, 우리의 일을 우리보다 더디고 정확하지 않게 처리할 것이라는 의심이 든다면, 우리는 절대 그분의 훈련을 따르지 않을 것이다.

우리는 그분이 우리를 사랑하신다는 것을 안다. 십자가에 못 박히신 예수 그리스도가 반박할 수 없는 증거다. 그분이 하나님의 진노를 가라앉히기 위해 '순교당했다'고 생각해서는 안 된다. 왜냐하면

"곧 하나님께서 그리스도 안에 계시사 세상을 자기와 화목하게"(고후 5:19) 하셨기 때문이다.

탑 위에서 바라보는 풍경은 하나님이 우리에게 주시는 것에 비할 바가 못 된다. 장차 채워주실 것에 비하면 우리가 지금 버리는 것은 아무것도 아님을 믿으며, 그분께 아무 조건 없이 헌신할 수 있는 것은 그분이 전능하시고 사랑이 충만하신 분이라는 분명한 확신이 있기 때문이다. 바울은 그리스도를 아는 것에 비하면 그가 지금까지 가졌던 모든 것은 '배설물'에 불과하다고 단언했다. 밭을 사려는 사람이 그 밭에서 보물을 발견했다면 주저하지 않고 그 밭을 사기 위해 자기 소유를 다 팔 것이다. 하나님 나라도 이와 같다. 탑 위에서 바라본 풍경은 그곳을 올라온 수고를 보상하고도 남았다.

그러나 '오르는 행위'에 대해 생각해보도록 하자.

그리스도를 영접하는 것을 원하지 않는 사람들도 있다. 그러나 그리스도를 영접한 사람에게는 인스턴트 왕국이 아닌 "하나님의 자녀가 되는 권세"(요 1:12)가 주어진다. 이 한 구절 속에 하나님의 주권과 인간의 책임에 대한 진리가 압축되어 있다. 원하는 자들에게 하나님은 주신다. 여기에는 다 헤아릴 수 없을 정도로 다양한 의미가 들어 있다. 이 구절은 하나님이 즉석에서 그들을 하나님의 자녀로 만드신다고 말하지 않는다. 이 구절은 자녀가 되는 권세를 주신다고 말한다. 그분을 받아들이는 사람들에게, 그분에게 충성을 바친 사람들에게 하나님의 자녀가 되는 권세를 주신다. 베드로는 이렇게 썼다. "너희는 말세에 나타내기로 예비하신 구원을 얻기 위하여 믿음으로 말미암아 하나님의 능력으로 보호하심을 받았느니라"(벧전 1:5). 히브리서의 저자는 복음이 "그들에게 유익하지 못한 것은 듣는 자가 믿음과 결부시키지 아니함이라"(히 4:2)고 기록했다. 이 구절들은 우리가 제자로 훈련받지 않고도 그리스도인이 될 수 있다거나, 순종의 고통없이 '천국에 갈 수' 있다고 생각하는 것이 얼마나 어리석은지 말해준다. 그렇다면 나에게 천국 문을 열어주는 것은 '순종' 인가? 아니다. 그렇다면 내 구원을 결정짓는 것은 '내 의지' 인가? 아니다. 하나님의 자녀는 "원하는 자로 말미암음도 아니요 달음박질하는 자로 말미암음도 아니요 오직 긍휼히 여기시는 하나님으로 말미암"(롬 9:16)는 것이다.

    우리가 이 신학적 신비를 그 밑바닥까지 파헤쳐 이해하게 될 때까지 순종을 보류한다면 우리는 불순종의 상태로 남아 있게 될 것이다. 진리 중에는 그것을 행하기 전에는 알 수 없는 것들이 있다. 복음서에는 순종하기보다 먼저 이해하려고 했던 사람들의 예가 많이 나온다. 예수님은 그런 사람들을 호되게 꾸짖으셨다. 그분은 그런 사람들에게서 돌아서서 이미 그분을 믿고 있는 사람들에게 이렇게 말씀하셨다. "너희가 내 말에 거하면 참으로 내 제자가 되고 진리를 알지니 진리가 너희를 자유롭게 하리라"(요 8:31-32).

'말씀 안에 거하는 것'은 우리에게 보여진 것에 근거해서 산다는 의미다. 즉, 듣고 행한다는 뜻이다.

'오르는 행위'의 또 다른 요소는 고난이다.

불신자들에게 고난이 의미하는 바는 하나님은 신뢰할 만한 대상이 아니며, 우리를 사랑하지 않는다는 확증일 뿐이다. 믿는 자들에게는 정반대의 의미를 가진다. "여호와여 내가 알거니와 주의 심판은 의로우시고 주께서 나를 괴롭게 하심은 성실하심 때문이니이다"(시 119:75)라고 시편 기자는 외쳤다.

데살로니가 교인들이 받은 핍박에 대해 언급하고 있는 한 구절을 보면, 인간의 차원에서 부당한 것조차도 하나님의 종들을 거룩하게 하시는 하나님의 의가 될 수 있음을 분명하게 보여주고 있다. 데살로니가 교인들은 고난이 닥칠 때 흔들리지 않는 믿음과 더 큰 사랑을 보여주었다. "이는 하나님의 공의로운 심판의 표요 너희로 하여금 하나님의 나라에 합당한 자로 여김을 받게 하려 함이니 그 나라를 위하여 너희가 또한 고난을 받느니라"(살후 1:5)고 바울은 쓰고 있다. 그는 더 나아가 언젠가 그 고통이 보상받을 것임을 그들에게 확신시켜준다. 하나님을 알기를 거부한 자들에게는 벌이 주어질 것이며 믿는 자들에게는 영광이 주어질 것이다. 그리고 바울은 그들을 위해 이렇게 기도했다. "우리 하나님이 너희를 그 부르심에 합당한 자로 여기시고 모든 선을 기뻐함과 믿음의 역사를 능력으로 이루게 하시고"(11절).

우리는 여기서 주권적 의지가 때로는 믿는 자와 믿지 않는 자를 가리지 않고, 현재와 미래에 모두 작용한다는 사실을 명확히 알 수 있다. 박해자들이 믿는 자들에게 한 행위는 악한 것이었지만 믿는 자들은 그리스도를 위해서 그것을 견뎌내었고, 그럼으로써 그들이 '하나님의 나라에 합당한 자' 임을 증명해 보였다. 그리스도는 그들을 내버려두지 않으셨다. 그 어떤 것도 그분의 사랑에서 그들을 끊어지게 할 수 없었고, 그분의 주권이 그들을 단단히 붙잡고 있었다. 또한 그들을 위해서 자신을 내어주신 그리스도를 위해서 그들 자신을 기꺼이 희생하며 견뎌내고자 했다. 마지막으로, 바울의 기도 또한 하나님의 목적을 온전히 이루는 데 꼭 필요한 요소였다. 하나님은 당신의 계획을 이루시는 데 있어서도 반드시 기도를 통해 이루도록 세상을 만드셨다.

두 개의 의지가 조화롭게 역사하는 것을 볼 수 있는 여러 구절들 중 몇 개를 모아보았다.

"기드온이 하나님께 여쭈되 주께서 이미 말씀하심 같이 내 손으로 이스라엘을 구원하시려거든"(삿 6:36).

"우리가 우리 하나님께 기도하며 그들로 말미암아 파수꾼을 두어 주야로 방비하는데"(느 4:9).

"도리어 이 성벽 공사에 힘을 다하며… 우리 하나님께서 이 역사를 이루신 것을 앎이니라"(느 5:16).

"그러므로 하나님의 능하신 손 아래에서 겸손하라 때가 되면 너희를 높이시리라"(벧전 5:6).

이 구절들은 하나님과 조화를 이루고 있는 의지에 대해 말하고 있는데, 그분의 의지를 거스르는 의지 위에도 똑같이 역사하시는 하나님의 주권도 간과해서는 안 된다.

"왕이 이같이 백성의 말을 듣지 아니하였으니 이 일은 여호와께로 말미암아 난 것이라 여호와께서 전에 실로 사람 아히야로 하여금 느밧의 아들 여로보암에게 하신 말씀을 이루게 하심이더라"(왕상 12:15).

"과연 헤롯과 본디오 빌라도는 이방인과 이스라엘 백성과 합세하여 하나님께서 기름 부으신 거룩한 종 예수를 거슬러 하나님의 권능과 뜻대로 이루려고 예정하신 그것을 행하려고 이 성에 모였나이다"(행 4:27).

"당신들은 나를 해하려 하였으나 하나님은 그것을 선으로 바꾸사 오늘과 같이 많은 백성의 생명을 구원하게 하시려 하셨나니"(창 50:20).

아마도 모든 말씀 중에서 가장 상상하기 어려운 것은 주권을 가지신 주님이 인간의 처분에 자신을 맡기시는 참담한 말씀일 것이다.

"인자는 자기에 대하여 기록된 대로 가거니와 인자를 파는 그 사람에게는 화가 있으리로다 그 사람은 차라리 나지 아니하였더라면 자기에게 좋을 뻔하였느니라 하시니라"(막 14:21).
"그가 하나님께서 정하신 뜻과 미리 아신 대로 내준 바 되었거늘 너희가 법 없는 자들의 손을 빌려 못 박아 죽였으나"(행 2:23).

성경은 우리의 지적 만족을 채워주기 위해 모든 것을 설명해주지는 않지만, 우리가 순종하여 하나님을 만족시키는 데 필요한 모든 것을 설명한다.

한 젊은 여인이 위대한 설교자 찰스 스펄전 Charles Spurgeon 에게 하나님의 주권과 인간의 책임이 화합할 수 있는지 물었다. 그가 말했다. "아가씨, 당신은 친구와 화해하지 않나요?"

# 6장
육체의 훈련

한 남자가 침대에서 벌떡 일어나 계단을 뛰어 내려가서 커피 한 잔을 벌컥벌컥 마시고 코트와 서류 가방을 낚아채 현관 쪽으로 뛰어 나가는 모습을 보여주는 텔레비전 광고가 있다. 메시지는 이렇다. "인생에서 하나의 목표를 향해 돌진하는 남자는 아무리 일찍 일어나도 시간이 모자라다." 그는 바치 사의 주식 중개인이다. 그는 사무실에 도착할 때까지 기다리지 못하고 현재의 장세를 파악하기 위해 부엌에서 전화를 집어들고 묻는다. "오늘 아침 런던은 얼마로 시작했지?"

불도저로도 움직일 수 없는 남자들을 돈과 권력에 대한 욕망이 움직이게 만든다. 그들은 깨어 있는 시간의 대부분을 사무실 의자에 앉아서 보낸 뒤 체육관이나 조깅 트랙에서 땀을 뻘뻘 흘리며 운동을 하고 간단한 아침 식사, 거창한 '사업적 거래를 위한' 점심, 그리고 고열량의 저녁 식사를 하면서 자기 몸을 학대한다. 이 모든 것이 세상에서 뒤쳐지지 않고, 잠깐의 쾌락을 즐기기 위해서다.

'거룩함'은 한 번도 대중을 움직이는 힘이었던 적이 없다. 그러나 그것은 하나님 나라에 들어가고자 하는 사람이라면 누구에게나 반드시 필요한 요소다. "…거룩함을 따르라 이것이 없이는 아무도 주를 보지 못하리라"(히 12:14).

"하나님의 뜻은 이것이니 너희의 거룩함이라 곧 음란을 버리고 각각 거룩함과 존귀함으로 자기의 아내 대할 줄을 알고 하나님을 모르는 이방인과 같이 색욕을 따르지 말고… 하나님이 우리를 부르심은 부정하게 하심이 아니요 거룩하게 하심이니"(살전 4:3-7)라고 바울은 데살로니가 교인들에게 썼다.

그리스도인들에게 훈련은 육체에서부터 시작된다. 우리에게 육신은 하나뿐이며, 희생할 수 있는 가장 기본적인 요소다. 육신이 없다면 우리는 아무것도 가지지 못할 것이다. 하나님의 목적을 위해 나의 육신을 선물로 드리고, 바치며, 아무 조건 없이 드려야 한다. 이것이 '영적 예배'라고 우리는 들었다. 피와 뼈와 조직으로 이루어진, 화학적으로 볼 때, 몇 달러의 가치밖에 되지 않는 이 육신을 드리는 행위가 영적인 예배 행위가 된다. "그러므로 형제들아 내가 하나님의 모든 자비하심으로 너희를 권하노니 너희 몸을 하나님이 기뻐하시는 거룩한 산 제물로 드리라 이는 너희가 드릴 영적 예배니라"(롬 12:1).

예루살렘 성경 The Jerusalem Bible 은 이렇게 번역했다. "형제들이여, 하나님의 자비하심을 생각하며 사고할 수 있는 존재가 드릴 수 있는 방법(주석에는 유대인들이나 이방인들의 의식적인 제사에 반대되는 의미로서 '영적인 방법'이라고 나와 있다)으로, 즉 여러분의 육신을 거룩한 산 제사로 드림으로써 그분을 예배하기를 간청합니다."

내 생각에 영적 실패의 가장 큰 요인은 다름아닌 거룩한 제사, 또는 예배와 육신의 관계를 깨닫지 못하는 것이다. 육신이야말로 예배의 시발점이다. 여기서 실패하면 다른 모든 곳에서 실패한다.

아로즈코 Arozco 는 말했다. "가장 강한 씨름꾼이신 무한하신 하나님의 얼굴을 보려는 자는 먼저 자기 자신과 씨름해야 한다."

육체와 영의 상관관계를 심각하게 받아들이고 그 싸움을 시작한 자만이 씨름이라는 말이 얼마나 적절한 표현인지 이해할 수 있다. 예컨대, 습관은 우리의 목을 누른다. 우리가 주님을 섬김으로써 자유로워져야 그것에서 풀려날 수 있다. 마음을 하나님께 드리지 않는다면 육신도 우리 마음대로 할 수 없다.

육신이란 무엇일까?

이것은 언젠가는 죽는다. 영원히 지속되지 않는다. 애초에 흙으로 빚어졌고 죽으면 다시 흙으로 돌아갈 것이다. 바울은 이를 가리켜

'낮은 몸', 혹은 '죄의 몸', 죄로 인해 '죽은 몸'이라고 불렀다. 그러나 육신은 성령님이 거하시는 성전 혹은 성소기도 하다. 육신은 그리스도의 '지체'다. 뿐만 아니라, 온전히 대속함을 받고 변화되고 '부활'할 수 있다. 바로 이런 점들이 우리가 육신을 대하는 태도를 결정짓는다.

그리스도인들의 육신은 성령의 처소일 뿐 아니라 그리스도인의 마음, 의지, 생각, 감정이 있는 곳이며, 이것들은 모두 우리가 하나님을 알고 그분을 섬기는 삶을 사는 데 필요한 요소다.

나를 예로 들자면, 그 '처소'는 키가 큰 중년의 앵글로색슨계 Anglo-saxon 여성이다. 이 중에서 어떤 것도 내 의견을 묻고 주어진 것은 없지만, '이 처소'를 사용할 수 있는 선택권은 주어졌다. 다시 말해서, 육신은 나에게 선물로 주어졌다. 내가 하나님께 감사를 드리든, 거룩한 제사로 드리든, 결정권은 나에게 있다.

육신을 훈련한다는 건 무슨 뜻일까?

육신은 음식을 필요로 한다. 풍요롭고 문명화되고 제멋대로인 나라에 사는 우리들에겐 음식도 훈련의 대상이 된다. 선택의 폭이 다양하지 못한 사람들에게는 음식은 생존의 문제이지 성화의 걸림돌이 아니다.

다니엘의 생애를 보면 매 순간순간 훈련하는 모습을 분명하게 볼 수 있다. 그의 이야기는, 다니엘이 이스라엘의 귀족 가문 젊은이들

가운데 바벨론 궁정에서 느부갓네살 왕을 섬기는 사람으로 뽑히는 데서 시작된다. 그가 다른 이들과 구별되었던 첫 번째 사건은 왕실에서 주는 기름진 음식을 먹지 않고, 채소와 물만을 먹기로 작정한 것이다. 그는 더럽혀지기를 원치 않았다. 다니엘의 머릿속에 그 생각을 넣어준 분은 분명 하나님이셨을 것이다. 왕이 다니엘의 요청을 수락하고 그에게 친절과 호의를 베풀도록 한 분도 분명 하나님이셨을 것이다. 이는 후에 혹독한 영적 시험을 당할 한 사람을 주님이 준비시키셨음을 의미한다.

우리 나라의 최고 경영자들 중 10퍼센트만이 과체중이라는 사실은 의미심장하다. 이 사실은 나에게 식욕을 억제하지 못하는 사람들은 최고의 자리에 오르지 못한다는 뜻으로 생각된다. 육체적 욕구의 억제는 권력을 얻기 위한 기본 요소다. 세상 사람들은 권력을 얻기 위해 육체적 욕구를 억제한다. 우리는 그들과는 다른 세계의 권세를 얻기 위해 그렇게 한다.

그리스도인들은 먹는 것을 조심해야 한다. 과체중이 되지 않도록 조심해야 할 뿐 아니라, 나쁜 음식도 먹지 않도록 조심해야 한다. 단 음식, 기름진 음식, 인스턴트 식품들이 너무나 많다. 아무 슈퍼마켓이나 들어가서 탄산음료, 사탕, 포장된 과자들, 시리얼들이 얼마나 많은 공간을 차지하고 있는지 눈여겨보라. 우리는 이런 것을 먹지 않고도 잘 살 수 있다. 일주일간 시험해보라. 당신이 얼마나 이런 것들을 달고 살았는지 놀랄 것이다. 어쩌면 당신이 중독되어 있다는 사실을 발견하게 될지도 모른다.

선교사였던 나는 일생의 대부분을 먹을 수 있는 음식은 모두 '자연'에서 나오는 것밖에 없는 남미의 외딴 밀림 지역에서 살았다. 우리는 인디언들이 재배하는 덩이줄기 식물인 카사바Cassava를 많이 먹었다. 그것은 인디언들의 '생명의 양식' 이었다. 우리는 쌀, 콩, 파파야, 달걀 그리고 드물게 구할 수 있었던 온갖 종류의 고기를 먹었다. 가공된 음식은 전혀 없었다. 간식도 없었다. 외부에서 가져온 설탕이 있었는데, 그것을 가지고 레몬이 자라는 곳에서는 레모네이드를 만들어 먹었다. 그 외에 수입한 오트밀, 분유, 소금, 밀가루 그리고 이따금 맛볼 수 있는 치즈나 초콜릿 같은 사치품이 있었지만, 대체로 메뉴는 단순했고 건강 상태는 대부분 매우 양호했다. 내 생각에, 적은 재료로 음식을 만드는 법을 익히는 것은 유익한 일이다.

우리가 얼마나 제멋대로인지 금식을 해보면 알 수 있다.

금식은 유대인의 율법이었고, 그리스도인들도 전통적으로 해오고 있다.

내 친구 한 명은 자신이 기도의 응답을 받기 위해 얼마나 열심히 천국의 문을 두드렸었는지 세어보았다. 아무 일도 일어나지 않는 것 같았다. 그녀는 하나님이 응답하시지 않는 것에 대해 화가 나기 시작했다. 그런데 그때 하나님의 조용한 음성이 들리는 것 같았다. "금식을 해보지 않겠느냐?"

그녀가 말했다. "그때 나는 깨달았어. 내가 그 정도로 간절하지 않았다는 걸 말이야."

또 다른 친구는 금식에 대한 이런 생각에 전적으로 반대한다고 말했다. 그것은 '하나님의 팔을 비트는 행위'와 다를 바 없다는 이유였다. "그분은 우리가 무엇이 필요한지 미리 알고 계시기 때문에 나에게 주시려고 한다면 언제나 주실 수 있어. 굳이 금욕주의자가 될 필요는 없지."

현대인들은 은둔과 수도 생활의 진정한 목적을 이해하지 못한다. 물론 육체를 학대함으로써 천국에 들어갈 수 있다고 생각하는 사람들이 있는 것도 사실이지만, 참된 목적은 기도와 명상에 자신을 전적으로 바치고자 하는 의지에서 비롯되었다. 이것은 과거와 마찬가지로 오늘날에도 무언가를 희생해야만 가능하다. 은둔과 수도의 삶을 사는 사람들은 세상을 등지고 고독과 가난과 금식을 택한 자들이다. 영국의 교회들 중에는 지금도 수도자들이 스스로 갇혀 살던 독방, 즉 은둔처가 남아 있는 곳이 있는데 영국 북부에 있는 체스터 리 스트릿 교회에 가면 그런 방을 볼 수 있다. 작은 구멍을 통해 음식이 전달되었고, 간혹 사람들은 그 구멍을 통해 그와 이야기할 수 있었다. 그리고 그 방 벽에는 가느다란 틈이 있었는데, 그 틈으로 수도자는 교회에서 드려지는 예배 광경을 지켜볼 수 있었다. 마을 사람들은 항상 기도하고 있는 사람이 있다는 사실을 기뻐했다.

내가 아는 그리스도인들 중에도 규칙적으로 금식을 하는 사람들이 있다. 일주일에 하루나 한 끼, 한 달에 한 끼, 또는 교회 절기에 맞추어 일정 기간을 하기도 한다. 또는 내가 아는 어떤 이들은 특별한 기도 제목, 중대한 결정이나 새로운 일을 시작한다거나 아픈 친구를 위해서 기도할 때, 금식하는 것이 크게 도움이 된다는 사실을 발견했다.

안디옥에서 하나님이 제자들에게 바나바와 바울을 헤어지게 하라고 말씀하셨을 때도 제자들이 금식하고 있었다. 그리고 사도들은 '금식하고 기도' 한 후에 그들에게 안수하고 각자 하나님이 주신 사명을 완수하도록 떠나보냈다. 루스드라, 이고니온, 안디옥에서 바울은 장로들을 임명하면서 '금식 기도하며 그들이 믿는 주께 그들을 부탁' 했다.

존 알렌John Allen 주교는 금식을 해야 하는 다섯 가지 이유를 제시한다.

1. 금식은 우리가 섬기도록 명령받은 굶주린 자들의 처지를 이해할 수 있게 해준다.
2. 금식은 우리에게 기도할 것을 일깨워준다.
3. 금식은 하나님의 부르심에 우리가 마음을 열 수 있도록 해준다.
4. 금식은 하나님의 부르심을 완수하도록 우리에게 힘을 준다.

5. 금식은 성령의 역사를 이루는 신비한 도구이다.

그러나 금식이 해줄 수 없는 일도 있다. 금식은 내가 먹는 일을 잊어버리는 데 도움이 된 적이 없다. 사실, 나는 내가 먹는 생각을 정말 많이 한다는 사실을 알게 되었다(어쩌면 내가 금식을 충분히 길게 하지 않았기 때문인지도 모르겠다). 세 끼의 식사로 나누어지지 않는 하루는 무척 길다. 어떤 이는 식단을 짜고, 식품을 구입하며, 조리하고, 먹고 치우는 일에 얼마나 많은 시간이 소모되는지 발견하고 놀라기도 한다. 아마 금식의 가장 힘든 면은 사회적 측면일 것이다. 예수님은 우리가 금식할 때에 평상시와 다름없이 머리에 기름을 바르고 사람들이 알지 못하게 하여 '은밀한 중에 계신' 하나님 아버지만 보시도록 하라고 말씀하셨다. 때때로 얼굴 표정을 숨기기가 불가능할 때도 있다. 내가 아는 한 대가족의 어머니는 일주일에 하루를 금식하는데, 그날도 변함없이 가족들을 위해서 요리하고, 식사를 할 때에도 함께 앉아서 맑은 차를 마신다. 그녀의 가족들은 그런 그녀에게 익숙해져서 크게 개의치 않지만, 어떤 가족들은 신경이 쓰일지도 모른다. 하나님은 개인의 처지와 마음에 품은 뜻을 알고 계신다. 다니엘의 경우 하나님은 그가 원하는 바를 이룰 수 있도록 하셨다.

금식한다고 해서 반드시 마음이 집중되는 것은 아니다. 마음이 분주하다고 해도 심란해하지 않는 것이 중요하다. 당신이 기도하고 성경 읽고 묵상하는 데 집중할 수 있게 해달라고 주님께 요청하라. 영적 교만이 감지되면 고백하라. 전화가 울려서 받아야 하면 받으라. 다음 주에 있을 모임에 대한 생각이 끼어들면 그것에 대해서도 하나님께 말씀드리고, 그 일을 맡기고 다시 기도에 힘쓰라. 당신이 '영적'이지 못하다는 사실에 충격받지 말라. 위대한 성인들은 자신의 죄성과 연약함을 알고 있었다.

최선을 다해 그분을 섬기고자 하는 사람들은
자기의 죄를 가장 잘 인식하고 있는 사람들이다.

한 가지 자세로 오랜 시간 무릎을 꿇거나 앉아 있으려고 애쓰지 말라. 일어서거나 걸어 다니거나, 밖에 나가 걸으면서 기도하라. 사람들의 시선 때문에 소리내어 기도할 수 없다면 작은 소리로 기도하라. 대부분의 경우 그렇게 하는 것이 마음속으로 기도하는 것보다 낫다. 마음속으로 하는 기도는 부질없는 생각으로 빠지기 쉽다.

고대 유대인들은 폭식과 폭음을 하는 고집 센 아들을 돌로 쳐 죽였다. 폭식은 현대에 더 두드러지는 죄인데, 일반적으로 묵인되고 있다. 폭식에 대한 설교는 거의 들어볼 수 없다. 이 주제는 너무 당혹스럽다. 이것은 사람들 – 종종 설교자들까지 포함해서 – 의 생활 속에 너무 밀접하게 다가간다. 뚱뚱한 사람은 이러한 주제로 설교할 엄두를 내지 못한다. 그것에 대해 말할 여지가 없다. 또한 뚱뚱하지 않은 사람도 여간해서는 이 주제를 끄집어낼 용기를 내지 못한다. 그는 '체중 문제'를 겪어보지 않았기 때문에(누가 알겠는가? 그가 설교 말씀을 실천하고 있는지) 그 주제에 대해 말할 자격이 없다는 말을 들을 테니 말이다. 그렇다면 누가 말할 수 있을까?

비만인 사람들 중에서 심리적인 원인을 가진 사람들의 비율은 매우 적다. 요컨대 대다수는 단지 나쁜 음식을 너무 많이 먹기 때문에 비만이 된다. 연소되지 않은 칼로리가 지방으로 축적된다.

웨이트 워처스(다이어트 제품과 프로그램 서비스의 브랜드)의 설립자인 진 니데치 Jean Nidetch는 자기가 가진 문제를 분명하게 규명한 뒤에야 그 문제를 해결하기 시작했다고 말했다. 그 문제의 정체는 지방이었다. 그녀는 거울, 냉장고, 싱크대 등 집안 곳곳에 작은 쪽지를 붙여놓았다. '지방, 지방, 지방!'

나는 보트 여행에 대한 글을 쓰면서 승객 중 한 명을 '뚱뚱한 여자'라고 표현한 적이 있었다. 그것이 독자들의 신경을 건드린 듯했다. 나는 독자들에게서 편지를 받는 일이 매우 드문데, 지금도 그 글에 대해 분개하는 편지를 받는다. 전부 여자들이 보내는 것인데 그들 중 몇몇은 굳이 그들이 뚱뚱하지 않다는 점을 설명했다. 그러나 한 사람은 이렇게 썼다, "내 친구들 중에는 통통한 사람들이 있습니다." 나는 그 친구들이 '통통'하다고 불리는 걸 좋아할지 의문이 들었다.

성경은 에글론이 매우 뚱뚱한 남자였다고 말한다. 유독 뚱뚱한 여자에 대해서 쓰는 것이 문제될 게 있을까? 만약 우리가 그 여자에게서 우리 자신의 모습을 보고 상처를 받았다면, 그것에 대해 무언가를 해야 할 때이다.

많은 그리스도인들은 매우 실제적이고 매우 어려운 육체적 필요를 주님께 가져갈 때, 그분의 능력을 거의 기대하지 않는다. 그러나 체중이 말 그대로 '짐'이 된다면 그것을 주님께 가져가 극복하게 해 달라고 도움을 요청해야 하지 않을까? 나의 의지는 왜 이 문제에 대해서는 다른 영적인 문제들처럼 그분의 뜻에 협조하지 못할까? 어떤 이들에게는 과체중이 아니라도 금식이 훈련의 출발점이 될 수도 있을 것이다. 어떤 이들에게는 더 건강해지기 위해 가공식품의 섭취를 제한하는 것이든 정상적인 체중을 위해서 칼로리를 제한하는 것이든 다이어트가 훈련의 장이 될 수 있을 것이다.

"너희는 너희 자신의 것이 아니라 값으로 산 것이 되었으니 그런즉 너희 몸으로 하나님께 영광 돌리라"(고전 6:19-20).

수면도 반드시 필요한 요소다. 자야 할 시간에 잠자리에 드는 것도 훈련이 필요하고, 일어나야 할 때 일어나는 것도 훈련이 필요하다. 당신의 습관이 어떤지 생각해보라. 하나님 앞에 정직하게 내어놓으라. 그리고 당신의 습관이 훈련된 삶과 거리가 멀다면 그분의 도움을 구하는 기도를 하고 무언가를 시작하라.

나의 아버지는 아침에 일찍 일어날 수 있을지 의심쩍어하는 사람들에게 대답해줄 말을 준비해놓고 계셨다. "전날 저녁부터 시작해야 합니다."

내가 존경하는 L. E. 맥스웰L. E. Maxwell 선생님께 한 친구가 도대체 새벽 4시나 5시에 일어날 수 있게 해주는 '승리의 요인'이 무엇인지 물었다. "그렇게 되기까지 얼마나 걸렸습니까? 누군가 선생님을 위해 기도해준 사람이 있었습니까?"

"아니, 나는 그냥 일어난다네." 그의 대답이었다.

우리는 아침에 허둥지둥 출근하지 않을 만큼 일찍 침대에서 빠져나오지 못하는 나태한 모습을 가지고 숱한 우스갯소리를 지어내며 재미있어한다. 토마스 켄Thomas Ken의 18세기 찬송가가 우리 시대에는 이상하게 들릴지도 모른다.

아침 해가 돋을 때 내 영혼아 깨어나
오늘 주어진 일을 행하라.
게으름을 털어버리고 기쁘게 일어나
아침 예배를 드리세.

우리들 대부분은 나른한 게으름을 쉽게 털어버리지 못한다. '기쁘게 일어나'라고? 별로 현실적이지는 않다. 그렇지 않은가? 이건 우리들에게 쉬운 일이 아니다. 그러나 누구에게도 쉽지 않았다. 우리는 그 사실을 잊고 있다. 나른한 게으름은 선천적인 것이다. 인간은 인류 역사가 시작된 이래로 그다지 변하지 않았다. 그러니 그 찬송가 작사가를 구제할 길 없는 구닥다리로 치부하기보다 우리를 기쁨의 제사를 드리는 자로 만들어달라고 하나님께 도움을 청하는 것이 어떨까?

"내가 내 몸을 쳐 복종하게"(고전 9:27) 한다고 바울은 고린도 사람들에게 말했다. 그는 시들어버릴 월계관이 상으로 주어지는 운동 경기에 빗대어, 그들이 뛰는 경주는 시들지 않는 영원한 월계관을 상으로 받는 경주라는 사실을 상기시켰다.

육체는 운동이 필요하다. '육체의 훈련은 제한된 유익을 준다.'

교황 요한 바오로 John Paul 는 운동 경기를 통해서 인생의 교훈을 배울 수 있다고 칭송하며 다음과 같이 말했다.

모든 스포츠에는 전승되는 가치가 담겨 있습니다. 그 가치가 실현되려면 언제나 마음속에 담고 있어야 합니다.

성찰의 훈련, 각 개인의 에너지를 적절히 사용하는 것, 의지의 단련, 감정의 조절, 계획적인 준비, 인내와 저항력, 불안감과 부상을 견뎌내는 것, 개인이 가진 능력의 지배, 환희, 규칙을 받아들이는 것, 포기와 단결의 정신, 헌신, 승자에 대한 관용, 패배를 담담히 받아들이는 마음, 모든 것에 대한 인내, 이것은 진정한 금욕주의가 요구하는 도덕적 실재의 복합체이며, 인간과 그리스도인의 인격을 형성하는 데 분명한 도움이 됩니다.

테니스나 골프 외에도 조직화되고 전문적인 운동경기가 헤아릴 수 없이 많음에도 불구하고 스물한 살 이상 대다수 성인들은 정기적으로 운동을 하지 않는 것 같다.

어떤 이들에게는 조깅이나 다른 형태의 격렬한 개인 운동이 적합할 수도 있다. 어떤 이들에게는 그런 운동이 과격하게 느껴질 것이다. 중요한 것은 어찌되었든 몸을 움직이는 것이다. 걸을 수 있을 때 차를 타지 말라. 그리고 활기차게 걸으라. 엘리베이터를 타지 말고 계단을 오를 수 있을 때 계단을 오르라. 집안 일을 할 때 빠르게 움직이라. 당신 직업이 하루 종일 책상 앞에 앉아 있어야 하는 일이라면 몸을 움직일 방법을 강구해야 한다. 야외에서 운동할 기회를 얻기 어려운 사람들에게 적합한 기구 중 하나는 작은 트램펄린 Trampolin (스프링이 달린 사각형 또는 육각형 모양의 매트)이다. 직경이 1.2미터 정도이며 사용하지 않을 때에는 침대 밑에 넣어둘 수 있는 높이의 트램펄린만 있으면 정강이 통증이나 관절 부상의 위험 없이 조깅을 할 수 있다. 한 의사 친구가 우리 부부에게 이 트램펄린을 결혼 선물로 주었다. 내 생각에 그 친구는 라르스가 내 전 남편보다 오래 살기를 바라는 마음에서 운동을 하라고 선물한 것 같다.

우리의 육체에는 성관계를 가질 수 있는 기관이 주어져 있다. 현대의 광고는 우리가 이 사실을 절대 잊지 못하게 한다. 유명한 노래들 중에서 이것 외에 다른 주제를 다루고 있는 노래는 극소수다. 패션 산업도 옷을 통한 성적 도발을 바탕으로 번성하고 있다. 그러나 성적 기관을 가지고 있다고 해서 우리 마음대로 그것을 사용할 수 있는 것은 아니다. 빛의 아버지로부터 받은 다른 선물들과 마찬가지로 '성性'이라는 선물도 그분이 의도하신 바대로 결혼이라는 그분의 목적에 따라 분명하게 규정된 범위 내에서 사용되어져야 한다. 한 개인에 대한 하나님의 뜻 안에 결혼이 포함되어 있지 않다면, 성적인 행위 또한 포함되어 있지 않은 것이다. 분명히 다음과 같은 질문을 하는 사람이 있을 것이다.

"그렇다면 이 정열을 어떻게 해야 하나요?"

하나님께 드리라.

"몸은 음란을 위하여 있지 않고 오직 주를 위하여 있으며 주는 몸을 위하여 계시느니라"(고전 6:13)고 바울은 말했다.

내 몸을 주님께 산 제사로 드리는 것에는 나의 성욕과 그에 따르는 모든 것, 충족되지 않은 욕구까지도 포함된다.

오늘날에는 대부분의 사람들이 이런 충고를 들으면 웃어넘겨버릴 것이다. 성적인 욕구의 절제는 진정한 어른이라면 자유로워져야 할 장애쯤으로 생각된다. 그러나 어느 세대를 막론하고, 아직도 남자와 여자 사이의 친밀한 관계를 그리스도의 신부인 교회에 대한 그분의 사랑과 같은 것이라 여겨 거룩하게 생각하는 사람들이 있다. 그런 사람들에게 성은 더럽혀져서는 안 되는 것이다.

이런 태도는 그리스도께 마음이 사로잡힌 자만이 가질 수 있다. 이것은 은혜의 기적이다.

말콤 머거리지Malcolm Muggeridge는 그의 일기에 이렇게 쓰고 있다. 톨스토이Tolstoy는 "의지를 단련함으로써 덕, 특히 절제를 이루려고 노력했다. 성 어거스틴St. Augustine은 남자에게 기적이 일어나지 않는 한 덕을 이룰 수 없다고 보았다. 그런 까닭에 성 어거스틴의 금욕주의는 그에게 평온을 주었고, 톨스토이의 그것은 고뇌와 갈등 그리고 마침내 그의 생애를 비극적 해학으로 마감하게 만들었다."

기억하라, 이 육체는 부활할 육체임을. 오래전 존 던John Donne이 지적했듯이, 영혼의 불멸성은 인간의 자연적 이성이 받아들일 수 있지만 육체의 부활은 믿음의 문제다.

> 부식되고 소진되어버린 육체의 모든 원자들은 어디에 있을까? 천 년 전에 육신을 태운 모든 재는 지구의 어느 고랑이나 패인 땅 위에 쌓여 있을까? 대홍수로 익사한 육신은 바다 속, 어느 구석에 쌓여 있을까? 어떤 결합력, 어떤 공감, 어떤 의존성이 수십 년의 세월을 뛰어넘어 유럽에서

잃은 팔과 아프리카나 아시아에서 잃은 다리 사이의 관계나 교감을 유지하는가?

우리 시체의 체액은 구더기를 만들어내고, 그 구더기들은 체액을 모두 고갈시키고 죽은 후 말라서 먼지로 사라지고, 그리고 그 먼지는 강으로 날아가고, 그 강물은 바다로 흘러들어가 밀물과 썰물로 끝없이 순환한다.

그럼에도 하나님은 어떤 배양실에 작은 진주알이 들어 있는지, 세상의 어느 부분에 모든 인간의 모든 먼지 알갱이가 있는지 아신다. 그리고 그분은 사방에 모든 원소로 흩어져 있던 성도들의 육신을 눈 깜짝할 사이에 불러모아 영광스러운 부활로 하나님 우편에 앉게 하셨다.

그의 육신이 언젠가 '동물의 몸으로 뿌려지고… 영적인 몸으로 부활할 것' 임을 알았기에 그는 훈련에 대해 생각하게 되었으리라. 이 세상에서 육신을 어떻게 사용해야 할지 생각하게 만들었으리라. 비록 살과 피는 천국을 소유할 수 없지만, 생각해보라. 언젠가 그 입자들이 주님 옆에 앉기 위해 불려 모아지는 날을.

7장
마음의 훈련

캐서린 데이 리틀Katharine Day Little은 17세기 프랑스의 대주교였던 프랑소와 드 페넬론François de Fenelon의 전기에 이렇게 쓰고 있다.

"단순하고 규칙적인 삶이 그의 능력과 능률의 비결이었다. 실제로 그의 금욕적인 생활은 의도된 것이었고, 자의식적인 고행이라기보다는 합리적인 소비였다. 그의 삶은 불필요한 겉치레와 무질서를 거부한 질서 정연하고 청결한 마음의 아름다움을 보여주었다."

단순하고 규칙적인 삶은 청결하고 정연한 마음을 나타낸다. 혼란한 생각은 필연적으로 혼란한 삶을 낳는다. 어지럽혀진 집에 사는 사람들은 대체로 마음도 어지럽다. 삶은 단순하게 정리되어야 한다. 이것은 생각을 단순화시키고 명료하게 하는 것에서부터 시작된다. 마음과 삶 모두 '불필요한 무질서'로부터 해방되어야 한다.

"너희 마음의 허리를 동이고 근신"(벧전 1:13)하는 것이 우리가 해야 할 일이라고 베드로는 말한다.

예수님은 '네 마음을 다하고 목숨을 다하고 뜻을 다하여 주 너의 하나님을 사랑'(마 22:37)하는 것이 가장 큰 계명이라고 말씀하셨다.

우리는 '마음과 뜻을 다해' 몸을 드리는 예배에 대해 논의했다. 그 다음에 해야 할 일은 마음을 '새롭게' 하여 우리의 본질이 '변화되는 것'이다. 이것은 우리 힘으로는 할 수 없다. 이 일을 행하시는 이는 성령님이시다. 우리는 성령께 마음을 열고, 그분의 뜻에 따르며, 허사로 돌아갈 일에 마음을 쓰지 말고 중요한 일에 마음을 쏟아야 한다. 다시 말하지만 우리는 전능하신 하나님이 반드시 우리 안에서, 우리를 통해서 일하셔야 한다는 것과, 하나님이 원하시는 일을 받아들이도록 훈련해야 할 책임이 있다는 사실을 모두 알고 있다.

"인간이 생각하는 수고를 피할 수 있는 방법은 없다"고 조슈아 레이놀즈Joshua Reynods 경은 말했다. 한 가지 생각을 결론에 이를 때까지 계속 따라가보라. 얼마나 여러 갈래로 돌아갔는가? 하루 동안 처음에 했던 생각과 전혀 관계 없는 다른 생각 때문에 얼마나 자주 생각이 끊어졌는가? 당신의 마음은 얼마나 자주 길가의 잔디에 꽂히고 구름 속을 떠다녔는가?

이 글을 쓰고 있는 지금, 나는 생각에 잠기기에 최적의 환경 속에 있다. 노르웨이 솔랜드의 내륙 운하 위에 있는 노르웨이 사람들의 히테^{hytte}(통나무집 – 역주)에 와 있다. 내가 아는 한 근방에 사람이라곤 찾아볼 수 없는데, 만약 있다고 해도 내가 그 사람에게 할 수 있는 말이란 "Jeg snakker ikke Norsk(나는 노르웨이 말을 못한다)"밖에 없다. 전화도 없고, 우편물도 오지 않으며, 하수관이나 전기도 없다. 다시 밀림 속으로 돌아온 것이나 다를 바 없다. 글쓰기나 생각하기에 이보다 좋은 환경이 또 있을까?

그럼에도 내 마음은 이 글과 아무 관계도 없는 수만 가지 생각들 사이를 배회하고 있다. 이것들을 깨끗이 걷어낼 수 있을지 의심하며, 나는 기압계를 점검하러 나간다. 나는 둑에 살고 있는 밍크^{mink}가 다시 모습을 나타내는지 보려고 부두로 내려간다. 그리고 꽃병에 꽂을 들꽃 몇 송이를 꺾는다. 라르스가 오늘 오후에 이곳에 올 예정이다. 그는 이 근처에 있는 그의 고향 크리스티안샌드에 있다. 말콤 머거리지의 일기를 조금 읽는다. 점심으로 땅콩 버터 샌드위치와 값비싼 캘리포니아 당근을 준비한다. 아이들 목소리가 들려서 더 자세히 들으려고 밖으로 나간다(어린 아이들이 내가 알지 못하는 외국어로 말하는 소리는 환상적이다!).

아이들의 말 소리가 한 구절이 채 끝나기도 전에 익숙한 휘파람 소리가 들린다. 라르스다. 그는 세 시간 후에나 이곳에 도착할 예정이었다. 그렇지만 그의 출현은 내가 하려고 했던, 언제나 글쓰기에서 가장 어려운 부분인 '생각'으로부터 벗어나게 해주는, 즐거운 기분 전환이 되었다. 우리는 차를 마시고 메사추세츠, 영국, 일리노이, 아이다호로부터 온 편지들을 읽는다. 지금 남편은 풀을 베려고 큰 낫을 갈고 있다. 나는 다시 타자기 앞으로 돌아와 생각에 잠긴다.

"하나님께서 각 사람에게 나누어 주신 믿음의 분량대로 지혜롭게 생각하라"(롬 12:3). 우리는 자신의 믿음의 분량대로 생각하는 법을 알고 있을까?

나는 친구들과 차를 타고 여행을 하면서 우리 중 아무도 만나보지 못한 우리의 위대한 친구 C. S. 루이스에 대해서 토론을 벌였다.

"루이스는 우리가 생각할 수 있다는 것이 놀라운 일이라고 말했지!" 한 친구가 말했다.

우리는 동의했다(누가 그 말에 동의하지 않을 수 있으랴?). 긴 침묵이 이어졌다. 그런 다음 그의 아내가 말했다. "내 생각에 그게 바로 내 문제점인 것 같아. 나는 생각을 안 하거든. 진짜 생각 말이야."

우리들 대부분은 루이스와 같은 지적 능력도 없었고, 그와 같은 교육도 받지 못했지만 '그럴 마음만 있었으면' 정신 훈련을 할 수 있었을 것이다.

위대한 의사 윌리엄 오슬러 William Osler 는 7년 전 어느 주일 밤, "평온한 마음으로 집중할 수 있는 능력을 개발하지 못하는 가장 큰 요인은 신경쇠약이다"라고 예일대학 학생들에게 말했다. 그는 학생들에게 하루에 한두 시간씩 정기적이고, 규칙적이며, 체계적으로 조용히 집중하는 시간을 가짐으로써 정신 기제mental mechanism를 지배할 것을 권유했다. "정신 집중은 서서히 습득되는 기술입니다. 정신은 천천히 섭취하고 꼼꼼히 소화시키는 습관을 조금씩 익혀가는데, 이것만이 '정신적 소화불량'을 피할 수 있는 방법입니다."

생각하는 연습을 시작할 때 다음에 인용한 로마서의 구절을 참고하라. "마땅히 생각할 그 이상의 생각을 품지 말고 오직 하나님께서 각 사람에게 나누어 주신 믿음의 분량대로 지혜롭게 생각하라"(12:3). 문맥상 이 구절은 자기 평가에 대해 말하고 있다. 우리는 그리스도 안에서 각자에게 주어진 임무가 무엇인지 알고 있는가? 어떤 은사가 주어졌으며, 어떤 역할이 주어졌는가? 어떤 사람들은 모른다고 말할 것이다. 더러는 다른 사람들의 평가를 바탕으로 대답할 것이다. 우리가 하루에 30분을 정해놓고, 교회를 위해서 할 수 있는 일과 할 수 없는 일이 무엇인지 진지하게 생각한다면 어떻게 될까? 만약 우리가 모든 것을 그리스도께 바치고 우리 마음을 변화시켜달라고 그분께 요청하고 진실되고 진지하게 마음을 모은다면, 우리는 놀라게 될 것이다. 지금까지 우리가 자신에게 맞지 않은 일을 하면서 얼마나 많은 에너지를 쏟았으며, 교회에 전혀 도움이 되지 않는 일에 얼마나 많은 시간을 허비하고, 우리가 할 수 있었던 일들, 성령이 하나님을 향한 마음속에 심어준 일들을 하지 못했는지 말이다.

동양의 명상법은 그리스도인의 명상과는 다르다고 생각하지만, 적어도 한 가지는 배울 점이 있다. 특정한 자세를 취하는 것이다. 딱히 어떤 자세를 권하지는 않지만 고요히 집중할 수 있다면 어떤 자세라도 좋다. 눈을 감는 것이 일반적으로 기도하기 좋은 방법이라고 여겨져왔는데, 눈을 감으면 주위가 산만해지는 것을 어느 정도 방지할 수 있기 때문이다.

아무것도 생각하지 않으려고 애쓰지 말라. 바울은 '생각을 비우라'고 하지 않고 '위의 것을 생각하라'고 말했다. 세속적인 것에 마음을 두지 말고 그리스도께 생각을 집중하라. 하나님의 말씀 중에서 한 구절을 취하여 조용히 되새기면서 '지혜와 계시의 영을 주사 하나님을 알게'(엡 1:17) 해달라고 청하라. 이것은 내가 오늘 아침에 묵상한 에베소서의 첫 장에 나오는 구절이다. "그의 힘의 위력으로 역사하심을 따라"(19절). 나는 하루를 하나님의 말씀으로 열면서 그 말씀 안에서 하나님이 나를 인도하시고 지배하시며, 하나님이 선택한 사람들에게로 나를 인도해주실 것을 기대하는데, 이것이 나에게 큰 도움이 된다. 여기에는 물론 듣는 시간도 포함되어 있다.

알코올 중독자를 위해서 일하는 사람들은 그들에게 생각하지 말라고 말하기도 한다. 어떤 상황에 처했느냐에 따라 좋은 조언이 될 수도 있다. 비단 알코올 중독이 아니더라도 쓸데없는 일에 정신이 팔릴 수 있다는 걸 나는 너무나 잘 알고 있다. 나도 때때로 자명종이 울리기 훨씬 전 이른 새벽부터 머릿속으로 무언가를 계속 생각하고 있을 때가 있다. 그때는 생각하기에 적합한 시간이 아니다. 첫째는 잠을 자야 하는 시간이기 때문이고, 둘째는 그 생각이 어떤 것이든 그 시간에는 내가 아무것도 할 수 없기 때문이다. 어떤 이는 반론을 제기할 수도 있다. "그렇지만 내가 하는 창조적인 생각의 대부분은 새벽 2시에 이루어지는데요! 나는 그 시간에 시를 쓰고, 메뉴를 짜며, 강의 준비를 하고, 어디에 투자를 할지 결정합니다." 내가 말하는 것은 근심을 불러일으키는 생각, 즉 예수님이 하지 말라고 하신 내일 일에 대한 염려 같은 생산적이지 못한 생각이다. 그중에서도 가장 나쁜 것은 좋지 않은 기억을 계속 떠올리는 것이다. 알코올 중독자들은 술 마시는 생각을 떠올리는 순간 곤경에 처하게 된다. 어떤 때에는 아예 생각하는 것 자체가 그들에게는 위험하다. 그 한 가지 생각이 다른 생각으로 꼬리를 물고 이어질 수 있기 때문에 생각을 하기보다는, 일어나 다른 일을 하라고 충고하는 것이다.

마음이 변화되면 현실을 바라보는 시각이 달라진다. 세상 사람들이 '현실'이라고 부르는 것이 현실감을 잃게 되고, '비현실적'이라고 부르는 것이 더 분명하고 영향력 있는 현실이 된다.

사도 요한이나 아시시의 성 프란시스 St. Francis of Assisi, 프랑소와 페넬론 같은 이들의 글을 읽어보면 새롭게 변화되지 않은 마음은 '성결함'holiness' 이 사실은 매우 현실적인 것이라는 사실을 간과한 채, "이런 사람이 정말 있을 수는 없어"라고 말한다. 실제로 성결함은 부정한 것보다 훨씬 더 현실적이고, 훨씬 더 인간적인 것이며, 하나님이 창조하신 우리의 본 모습에 더 가까운 것이다.

세상 사람들에게 현실로 보이는 것과, 믿음의 밝은 눈을 가진 사람들에게 현실로 보이는 것 사이에는 큰 차이가 있다. 소위 말하는 문학에서의 사실주의는 대부분이 악을 유일한 실체로, 선을 환상으로 다룬다. 사실주의는 뒤꼍의 쓰레기통과 헛간에만 관심을 가지며, 실재하는 앞뜰의 장미 덩쿨은 그냥 지나친다. 소설에 등장히는 악한 인물이 선한 인물보다 더 신빙성이 있는 경우가 많은 것은 사실이다. 사단의 실체를 가장 잘 표현하고 있는 것은 밀턴Milton의 글에 나오는 등장 인물들이라고 C. S. 루이스는 말한다.

천국은 지옥을 알지만 지옥은 천국을 알지 못한다… 우리를 사악한 인물로 묘사하려면, 우리가 이미 하기에 지쳐 있는 어떤 일을 중단해야 한다. 우리를 선한 인물로 묘사하려면 우리가 할 수 없는 것을 하고, 실제 우리 모습이 아닌 다른 사람이 되어야 한다.

그리스도는 우리가 할 수 없는 일을 하도록, 우리가 아닌 사람이 되도록 우리를 부르신다. 그분은 우리에게 물 위를 걸으라고 명하신다. 베드로는 성공했지만 단 몇 발자국만, 그의 시선이 그리스도께 고정되어 있는 동안만 그리고 그의 마음이 '위의 것'을 향해 있을 때에만 그럴 수 있었다. 주위를 둘러보자 그는 물에 빠졌다.

폭풍보다 그리스도를, 미움보다 사랑을, 교만보다 온유를, 불평보다 인내를, 죄보다 성결을 더 현실적인 것으로 볼 수 있는 것은 다름 아닌 현실에 대한 변화된 시각이다.

사도 요한, 성 프란시스 그리고 페넬론과 같은 성자들은 어느 누구보다도 깊이 자기의 죄를 인식하고 있었다.

"만일 우리가 죄가 없다고 말하면 스스로 속이고 또 진리가 우리 속에 있지 아니할 것이요"(요일 1:8)라고 요한은 기록했다.

젊은 날의 프란시스는 고향 마을 근방의 작은 동굴 속에서 자기 죄를 고백하고 애통해하며 고뇌에 찬 기도를 몇 시간씩 드렸고, 얼굴에는 고뇌의 흔적이 드리워졌다. 그러던 어느 날, 그는 하나님이 그를 용서하셨다는 사실을 알고 평화를 얻어 그곳에서 나왔다.

또한 페넬론은 1690년 한 여인에게 이렇게 썼다. "마치 추악한 파충류가 숨어 있던 동굴에서 기어나오듯이 우리 마음속 깊은 곳에서 수치심이 꾸역꾸역 솟아나오는 것을 보면서 전에는 그것을 보지 못했다는 사실에 우리는 놀라게 됩니다."

자기에게 필요한 것을 가장 현실적으로 인식하는 사람이야말로 눈을 돌려 구세주의 빛나는 실체를 볼 수 있다. 악은 본질적으로 실체가 될 수 없다. 즉, 악은 선이 타락한 것이기에 선을 떠나서는 존재할 수 없다. 지옥에는 빛이 없다. 그곳은 음침한 곳이다. 그렇기에 우리가 악의 본질을 분명히 이해하면 할수록, 우리는 그것을 더 혐오하게 되고 전심으로 그것에서 돌이켜 진리를 갈망하게 된다. 진정한 죄의 인식은 진정한 그리스도인이 되는 것이다. 오늘날 사람들이 용서가 아니라, 단지 공감과 동의를 얻어내고자 그들의 악습을 '공유하는 것'을 정직이라는 이름으로 포장한 저열한 방종이 아니다.

순수하게 죄를 고백하는 것과 불완전함, 약점 또는 문제를 인정하는 것은 다르다. 그것은 세상 사람들이 싫어하는 그분과 함께하기보다는 오히려 대중들 속에 섞이기 원하는 듯한 느낌을 준다. 예수님은 제자들에게 그들이 예수님께 충성을 다할 때 마주치게 될 반감에 대해 거듭 말씀하셨다.

"세상이 너희를 미워하지 아니하되 나를 미워하나니 이는 내가 세상의 일들을 악하다고 증언함이라"(요 7:7).

"세상이 너희를 미워하면 너희보다 먼저 나를 미워한 줄을 알라 너희가 세상에 속하였으면 세상이 자기의 것을 사랑할 것이나 너희는 세상에 속한 자가 아니요 도리어 내가 너희를 세상에서 택하였기 때문에 세상이 너희를 미워하느니라 내가 너희에게 종이 주인보다 더 크지 못하다 한 말을 기억하라 사람들이 나를 박해하였은즉 너희도 박해할 것이요 내 말을 지켰은즉 너희 말도 지킬 것이라"(요 15:18-20).

우리 내면의 어둠을 드러내고 싶어하는 욕구가 빛보다 어둠을 사랑하는 사람들에게 인정을 받기 위한 전시나, 심지어는 축하 행사 같은 것이 되지 않도록 유의해야 한다. 단호하게 어둠에서 빛으로 돌이킨 사람은 대중의 지지를 받지 못한다. 오래전에 소크라테스Socrates가 예견했듯이, 진실을 말하는 자는, 자기 눈을 도려내게 될 것이다. 지금까지 그래왔으니 앞으로도 그럴 것이다. 물론 현대의 문명사회에서는 진짜 눈을 도려내지 않을 것이다. 하지만 우리는 넓은 길에서 좁은 길로 돌아선 사람에게 그의 감정은 아랑곳하지 않고, 그가 공상적인 사회 개혁가라거나 모임에서 흥을 깨는 사람이라거나 성인군자인 척하는 사람이라는 꼬리표를 붙이면서, 나머지 사람들에게 그리스도를 닮아가야 할 책임을 면제해준다. 우리는 그들의 순진함과 비현실성을 불쌍히 여기면서, 생명이 그리스도와 함께 하나님 안에 감추어져, 위의 것만 생각하는 소수의 사람들이 있을 수도 있다는 생각은 조금도 하지 않는다.

잠시 그분을 제일 알아보지 못한 자,
어렴풋이 희미하게, 아득히 숨겨져,
그분 외에 모든 뛰어난 것들을 멸시하지 않는가?

존재하지 않는 그리고 존재하는 쾌락과 권세를-
아, 그 후로 모든 사람들 속에서,
엄숙하고 달콤한 경이로움에 사로잡혀,
그들의 조롱에 입 다물고, 그들의 비웃음에 맞서
진지한 시선의 지배만을 받는가?

새로워진 마음은 현실에 대한 인식뿐 아니라 가능성에 대한 인식도 완전히 달라지게 한다. 이 세상의 왕국에서 하나님의 왕국으로 돌아서면 인간의 말이 아닌 그리스도의 말씀에 기초한 가치관을 갖게 된다. 불가능은 가능이 된다.

세속적인 마음은 이렇게 말한다. "이봐, 나는 인간이야. 저 여자를 사랑할 거라고 기대하지마. 저 여자가 내 가족에게 한 짓을 생각하면 그건 불가능한 일이야."

예수님은 이렇게 말씀하신다. "네 원수를 사랑하라 너를 미워하는 자들에게 선을 행하라." 이것은, 베드로가 명령에 순종하기 전에는 물 위를 걷는 것이 불가능했듯이, 실제로 불가능한 일이다. 하지만 내면으로부터 변화된 마음은 그분의 생각대로 생각하기 시작한다.

나는 때때로 어떤 사람이 나에게 한 일을 생각하지 말고, 그리스도가 그 사람을 위해서 하신 일과 그와 나를 위해서 하시고자 하는 일에 마음을 집중할 수 있도록 도움을 요청하는 것이 필요하다는 사실을 깨달았다. 왜냐하면 내가 사람들을 어떻게 생각하느냐에 따라서 그들을 대하는 태도가 달라진다는 것을 분명히 알기 때문이다. 이 찬양은 종종 유용한 기도가 된다.

> 내 주 그리스도의 마음이
> 날마다 내 안에 계셔
> 그분의 사랑과 능력이
> 내 모든 행동과 말을 다스리게 하소서.

바울이 고린도를 방문했을 때 그는 한 가지 결심을 했다. 그것은 "예수 그리스도와 그가 십자가에 못 박히신 것 외에는 아무 것도 알지 아니하기로 작정"(고전 2:2)한 것이었다. 그러나 바로잡고 정화해야 할 것이 많았기에 그는 "약하고 두려워하고 심히 떨었노라"(3절)고 했다. 누군가와 두려운 대면을 해야 할 때, 십자가만을 생각하며 그 사람을 대하겠다는 바울의 결의는 나에게 말할 수 없이 큰 도움이 되었다. 이 단순한 방법은 상상력을 이용하는 것이다. 상상력은 타인의 경험 속으로 들어갈 수 있도록 우리에게 주어진 능력이다. 그리스도는 그 사람을 아시고, 사랑하시며, 내 마음을 변화시키신다. 내가 전에 그를 한 번도 본 적이 없는 것처럼 사랑받고, 용서받았으며, 구속받은 사람으로 보게 하신다. 이런 식으로 마음과 생각을 드림으로써 나는 예수님의 십자가 아래 굳게 선다. 그곳에 서면 사물이 고립된 자아에 비춰지던 모습과는 사뭇 다르게 보인다. 믿음의 눈에 비친 찬란한 현실이 명료해질수록 자아에 비친 현실은 더 흐릿해진다.

이것은 새로운 시각이다. 그리스도가 마음을 새롭게 변화시키시도록 내 마음과 생각을 드려, 그리스도와 같은 생각을 하겠다는 결심은 사물을 보는 시각을 변화시켜주며, 그로 인해 타인을 대하는 행동이 변하게 된다.

"너희는 이 세대를 본받지 말고 오직 마음을 새롭게 함으로 변화를 받아 하나님의 선하시고 기뻐하시고 온전하신 뜻이 무엇인지 분별하도록 하라"(롬 12:2).

내 남편이 가진 큰 은사 중 하나는 친근함이다. 그는 만난 지 얼마 안 된 사람들도 안심시키고 편안하게 해준다. 나는 그렇지 못하다. 그는 몸소 실천해보이면서 내가 배우도록 돕지만, 때론 조언을 해주는 것도 나에게는 필요하다. 라르스는 최근에 내가 낯선 사람을 친절하게 대했던 상황에 대해 말해주었다. 그의 말에 대한 나의 즉각적인 반응은 분노였다. 그 낯선 사람은 한 젊은 여자였는데, 호텔에서 나를 멈춰 세우고, 내 가족들과 오랜 친구들만 사용하는 애칭으로 나를 불렀다. 라르스는 내가 얼굴에 미소를 띠우며 그녀와 인사를 나누고, 그녀가 하고 있는 일에 관심을 보였지만 언짢은 기색이 드러났었다고 말했다. 그는 나에게 짧은 강의를 했다. 내가 이미 다 알고 있는 내용이었다. 왜 그가 나에게 강의를 해야 할까? 그도 때로는 사람들에게 화를 내지 않는가? 그리고 그 여자는 나와 전혀 상관없지 않은가.

나의 반응은 '현실적'이었다. 그것은 정직했다. 다시 말해서, 분명 그것은 내 마음속에 제일 먼저 떠오른 생각이었다. 나는 그 생각을 발설하지는 않았지만, 내 생각은 새롭게 변화된 그리스도인의 생각이 아닌 옛 방식의 생각이었다. '현실'은 종종 악하다. 사람이 자연스럽게 느끼고 생각하는 것을 솔직하게 표현하는 것은 '정직'한 일이므로 언제나 좋은 것이라는 인식이 널리 퍼져 있다. 이는 사실이 아니다. 만약 감정과 생각 자체가 잘못되었다면 그것을 말로 표현하는 것이 어떻게 선한 일이 될 수 있겠는가? 그것은 세 가지 죄를 이룬다. '그릇된 감정, 그릇된 생각, 그릇된 행동'

나를 멈춰 세운 그 여자에 대한 내 첫 생각이 잘못되었으며, 남편의 충고 이후 보인 반응은 더 잘못되었음을 깨달았다. 성령님이 나에게 진리를 일깨워주셨다. '하나님이 네 마음을 새롭게 하시도록 하라. 위의 것을 생각하라.'

그리스도를 생각하라는 새로운 생각이 떠올랐다. 그 생각은 어디서 온 것일까? 나로부터 나오지는 않았다. 세속적인 마음에서 나온 것도 아니다. 성령이 일깨워주셨다. 내 마음을 새롭게 만들어주셨다.

"훈계 받기를 싫어하는 자는 자기의 영혼을 경히 여김이라 견책을 달게 받는 자는 지식을 얻느니라"(잠 15:32).

"주님, 제 자신을 방어하기 위해서 라르스가 저에게 말해준 진리를 막지 않고 바로 볼 수 있도록 도와주세요." 나는 기도했다.

마음은 본질적으로 순종보다는 논쟁을, 진리보다는 해결책을 더 좋아한다. 진리가 제시되었을 때, 마음이 보이는 즉각적인 반응은 '아니오' '절대 그렇지 않다' 이다. 진리에 의해 못 박히기를 거부한다.

그러나 그리스도를 생각함으로써 나는 남편이 말한 진리에 대한 거부감이 사라지는 것을 느꼈다. 내가 응수하려고 생각하고 있던 말들이 혀 끝에서 스러졌다. 그리스도의 권위에 순복함으로써 현실에 갇힌 자아를 이겨냈다.

하나가 되고자 하는 갈망도 새로워진 마음의 특성이다. 신실한 그리스도인이라면 절대 그리스도의 몸이 분열되는 것을 기쁘게 생각할 수 없다. 질투, 시기, 당파 짓기, 경쟁심, 원한, 인정받기 원하는 마음(이것이 대부분의 분열의 원인이다) 때문에 분열이 생기면 옛 마음이 드러난다. 서신서의 저자들은 믿는 자들에게 생각을 모으고, 한 마음을 품고 같은 생각을 하며 하나가 되라고 거듭 권고한다. 우리가 정말 그리스도의 마음을 가지고 있다면 어떻게 그렇지 않을 수 있겠는가?

조사에 의하면 소위 의견 차이란 단지 싫어하는 것일 때가 많다고 하는데, 이는 놀라운 일이다.

"나는 당신 의견에 동의하지 않습니다"라는 말은 "나는 당신이 하는 말을 좋아하지 않습니다"라는 의미일 경우가 많다. 율법에 능통한 자들로 명성이 높았던 바리새인들은 예수님의 말씀에 동의하지 않는다고 주장했다. 그들의 주장은 그들이 진리를 싫어하기 때문임이 예수님의 대답을 통해 드러났다. 반대의 말을 하려고 입을 열기 전에, 우리가 동의하면 어떤 대가를 치러야 하기 때문인지, 어떤 불편을 감수해야 하기 때문인지, 아니면 우리에게 보장된 이익이 감소되기 때문인지 곰곰이 생각해보아야 한다. 그 대표적인 예가 캐나다의 항공 교통 관제사들이 미국 비행기의 캐나다 영공 통과를 거부한 사건이다. 그들의 주장인즉, 그들이 해고되면 모든 미국 비행기들의 '안전'을 보장할 수 없다는 것이었다. 이 사건은 이틀을 끌다가 미국 관제탑 측과는 아무 상관없이 캐나다 측이 마음을 풀고 캐나다 영공을 통과하도록 허락하면서 일단락됐다. 표면적으로 현실적인 이유에 근거하고 있었던 그들의 반대는, 그 이유가 조금도 변하지 않았음에도 다시 합의를 이루었다.

교회에서 이루어지는 민주주의 방식의 선거(새 목사 초빙, 새 부지 매입, 교회 주방 수리, 집사, 장로 선출이나 제의 선택 등)에서도 정치와 마찬가지로 생각보다 취향의 영향을 많이 받는다. 사람들은 무엇을 좋아하거나, 또는 그들을 싫어할 뿐이며, 진지하게 생각하는 수고는 피하려고 한다. 생각하는 훈련을 거의 하지 않았기 때문에 이유와 개인적인 선호를 구별하지 못한다.

훈련의 부족만이 이런 무능력에 대한 유일한 설명은 아니다. 권위에 대한 거부도 모든 것을 취향의 문제로 축소시킨다. 절대적인 것이 없는 곳에는 유행만 남기 마련이다. 이는 심각한 문제며, 그리스도인이라면 그리스도의 정신으로 비판해야 할 문제다. 우리는 우리 시대에 제기되고 있는 이슈들에 대해서 어떤 생각을 갖고 있는가? 기아, 환경 파괴, 군비 경쟁, 그 외에 소위 '과학 숭배technolatry(이혼, 낙태, 사회의 탈성화desexualization, 동성애, 유전공학과 같은 이슈들)'를 근간으로 하는 비인간화에 의해 야기된 숱한 이슈들이 있다.

우리는 우리 주변에서 보이는 이 모든 무서운 일들과 맞닥뜨릴 때 무력감을 느낀다. 관점을 잃지 말자. 우리는 성경에 묘사된 세상, 즉 하나님에 의해 창조되고 유지되는 세상, 타락했지만 회복될 세상의 맥락 안에서 뉴스를 보아야 한다. 우리는 보이지 않는 힘으로 작용하고 있는 하나님이 주신 지성을 적극적으로 활용해야 한다.

"우리가 육신으로 행하나 육신에 따라 싸우지 아니하노니 우리의 싸우는 무기는 육신에 속한 것이 아니요 오직 어떤 견고한 진도 무너뜨리는 하나님의 능력이라 모든 이론을 무너뜨리며 하나님 아는 것을 대적하여 높아진 것을 다 무너뜨리고 모든 생각을 사로잡아 그리스도에게 복종하게 하니"(고후 10:3-5).

우리는 통상적인 의미에서 한 사람이 할 수 있는 일 이상의 것을 할 수 있다. 주님과 그분의 군사들이 우리를 위해 싸우고 있다.

"우리는 연약한 인간이지만, 싸움을 하는 것은 우리가 아닙니다. 우리의 무기는 인간의 무기가 아니라 적의 요새를 무너뜨릴 수 있는 강력한 하나님의 무기입니다. 우리는 궤변과 하나님을 아는 지식에 대항하는 교만한 지성을 배양하는 모든 것을 물리쳐야 합니다. 우리는 모든 인간의 생각이 그리스도께 순복하도록 해야 합니다."

이 말씀을 무엇보다도 먼저 우리의 생각에 적용시켜야 한다. 우리 안에는 누구나 궤변이 들어 있다. 그럴듯하게 들리지만 왜곡된 주장이나 논쟁이 바로 그것이다. 로마노 가르디니 Romano Guardini 는 이를 가리켜 '지적인 성향을 가진 마음의 고통'이라고 했다.

아틀란타에 있는 제일 침례교회 목사였던 찰스 스탠리 Charles Stanley 박사는 어떻게 적의 요새가 구축되는지 보여준다. 그것은 생각에서 시작된다. 한 가지 생각에 계속 잠겨 있다보면 그 생각은 태도로 나타나고 행동으로 이어진다. 반복되는 행동은 습관이 되고, 습관은 '적의 권력 기반'을 구축하는데 이것이 바로 적의 요새다. 우리는 우리가 경멸하는 행위를 왜 계속하는지 의아해할 때가 있는데 바로 이런 이유에서다. 적은 우리의 연약한 부분을 그의 본거지로 삼고 계속 공격한다. 그 요새를 무너뜨리려면 하나님이 주시는 강력한 무기를 사용해야 한다. 그것은 영적 무기다.

그리스도의 마음을 소유한 자는 모든 일들을 다 이해할 필요가 없다. 교만한 지성이 하나님을 아는 지식에 어떻게 대항하든, 반대자들이 무엇이라고 말하든, 그들의 주장을 논박하는 데 성공하든 못하든 상관없이, 그는 기꺼이 저항할 것이다. 성숙이란 우리 삶의 기준이 되는 말씀을 붙잡고 해결되지 않은 질문을 믿음으로 짊어질 수 있는 능력이다.

사람들이 유난히 싫어하는 진실에 대해 쓴 글 때문에 공공연하게 악의에 찬 비난을 받았던 한 여인이 나에게 이렇게 말했다. "엘리자베스, 나는 그들에게 대답할 수 없어요. 그들의 주장 중에서 어떤 것들에 대해서는 뭐라고 말해야 할지 모르겠어요. 그렇지만 나는 그들이 두렵지 않아요. 내가 옳다는 걸 아니까요." 이런 태도는 편협해질 위험이 잠재되어 있기 때문에 신중하게 다루어져야 하지만, 자기 자신이 아닌 다른 분의 영광만을 바라보고 있는 자는 신뢰받을 수 있다.

바울은 젊은 디모데에게 교회 질서에 대해 구체적인 지침을 주었다. '집사, 장로, 과부의 행동' 등 이런 문제는 우리 시대뿐만 아니라 당시에도 논란을 불러일으켰음이 분명하다. 바울은 디모데가 확고한 입장을 취하는 것이 얼마나 어려운 일인지 익히 알고 있었다. 그럼에도 불구하고 그는 이렇게 말했다.

"누구든지 다른 교훈을 하며 바른 말 곧 우리 주 예수 그리스도의 말씀과 경건에 관한 교훈을 따르지 아니하면 그는 교만하여 아무 것도 알지 못하고 변론과 언쟁을 좋아하는 자니 이로써 투기와 분쟁과 비방과 악한 생각이 나며 마음이 부패하여지고 진리를 잃어 버려 경건을 이익의 방도로 생각하는 자들의 다툼이 일어나느니라"(딤전 6:3-5).

자기의 모든 생각을 그리스도께 순복시키고자 하는 제자라면 다음과 같은 질문을 자문해보면 좋을 것이다.

1. 나는 누구의 영광을 추구하고 있는가?
2. 이것은 하나님을 아는 지식에 배치되는가, 부합되는가?
3. 내 마음이 건전한 교훈을 지향하고 있는가?
4. 나는 단지 질문을 위한 질문이나 궤변에 지나치게 마음을 빼앗기는가?
5. 나는 순종하는 것보다 이해하는 것이 더 중요한가?
6. 나는 믿는 것보다 아는 것이 더 중요한가?
7. 어떤 질문이 나를 불편하게 하는가?
8. 나는 나를 불편하게 만드는 진리를 거부하는가?

명료한 사고를 대체할 수 있는 궤변들은 헤아릴 수 없이 많다. 실용주의(나에게 유효하다면 옳은 것이다), 기술적 실용 가능성(과학이 할 수 있는 방법을 찾아냈다. 그러니까 그렇게 하자), 관련성(나도 그럴 수 있다), 편안함(나는 이것이 편하게 느껴진다), 행복(나는 이것에 대해 행복감을 느낀다), 중도주의(나는 극단으로 치우치고 싶지 않다), 의무(나는 나 자신에게 이렇게 해야 할 의무가 있다), 책임(이것은 내 인생이다) 등이다.

우리가 정의, 인권, 낙태, 이혼, 남성성과 여성성의 문제를 연구한다고 가정해보자. 우선 이 이슈들에 관해 현재 가장 일반적인 견해를 모두 종이에 적은 후 내가 제시하는 질문을 던져보라. 우리는 성경 속에서 혁신적인 답을 찾을 수 있을까?

정의에 대하여: 그리스도인들에게 정의란 평등을 의미하는가? 예수님은 하루 동안 각각 다른 시점에 일꾼을 고용한 후, 모두에게 동일한 임금을 지불한 사람의 이야기를 들려주셨다. 제일 먼저 고용된 일꾼들은 받기로 약속된 품삯을 받으면서도 불평을 했다("여보쇼, 어떻게 저 사람들은…?"). 그 농부는 아량을 베풀 권리를 가졌다. 이 이야기 속에는 '먼저 된 자가 나중되고 나중 된 자가 먼저 되리라'(마 19:30)는 말씀의 의미를 담고 있다. '그것은 공평한가?'라고 우리는 묻지만, 빗나간 질문이다. 그분은 언제나 율법보다는 순수한 마음과 사랑을 강조하셨다. 그분은 그 질문을 하는 마음속에 감춰진 동기를 꿰뚫어보시고, 그 속에서 진리에 대항하는 본거지를 찾아내셨다.

낙태에 대하여: 낙태되는 것이 '조직'이나 '임신으로 인한 생성물'이 아니라 '아기'라고 불린다면 낙태를 지지하는 쪽에서는 어떤 것을 내세울 수 있을까? 그것이 인간인지 아닌지 묻는 것이 우리에게 허용되는가? 우리의 답은 하나님으로부터 온 것인가? 인간으로부

터 온 것인가?

이혼에 대하여: 부부가 자기의 행복보다 상대방의 행복을 더 원한다면 이혼하려는 사람들이 몇이나 될까?

남성성과 여성성에 대하여: 성별이 생물학적인 문제만이 아니라 신학적인 문제, 즉 하나님의 형상을 가진 상호보완적인 두 존재의 경이로운 신비로 인식된다면 역할, 평등, 개성 등에 대한 많은 논의들이 종식되지 않을까?

만약 우리가 모든 질문, 교리, 문제들을 길이요, 진리요, 생명이신 그리스도께 가져가 "어떤 길이 천국에 이르는 길입니까?"라고 묻는다면 대답을 얻을 수 있을 것이다.

하나님이 자기의 마음을 빚어주시기를 진심으로 원하는 제자는 율법에서 예외 사항이나 허점이나 세세한 점을 가려내기보다 사랑에 온전히 순복하는 데 힘쓸 것이다. 그렇게 하나님의 영을 향한 열린 마음을 갖게 되면, 그 사람은 지혜를 깨우칠 수 있는 자리에 서게 될 것이다. 그런 사람의 기도는 이와 같을 것이다.

"여호와여 주의 율례들의 도를 내게 가르치소서 내가 끝까지 지키리이다 나로 하여금 깨닫게 하여 주소서 내가 주의 법을 준행하며 전심으로 지키리이다 나로 하여금 주의 계명들의 길로 행하게 하소서 내가 이를 즐거워함이니이다 내 마음을 주의 증거들에게 향하게 하시고 탐욕으로 향하지 말게 하소서 내 눈을 돌이켜 허탄한 것을 보지 말게 하시고 주의 길에서 나를 살아나게 하소서"(시 119:33-37).

훈련된 그리스도인이라면 다른 사람들의 조언을 구할 때 매우 신중해야 할 것이다. 말씀과 상반되는 조언은 악한 조언이다. 그 길을 따르지 않는 자는 복된 자다.

하나님의 능력은 지혜로운 자들(철학자? 과학자? 비평가? 심리학자?)의 지혜 속에 나타나는 것도 아니고, 빈틈없는 사람들(정치가? 성공한 사업가? 세무 고문?)의 신중함 속에 나타나는 것도 아니며, 오직 십자가에 못 박히신 그리스도 안에서 나타난다. 이 세상에서 그보다 더 쓸데없고 어리석어보이는 것이 또 있을까? 누가 십자가에 달린 남자에게 지혜를 구하겠는가?

그러나 우리를 구원한 것은 십자가다. 그리스도는 우리가 더 이상 우리 자신을 위해 살지 않고, 하나님을 위해 살게 하시려고 십자가에 못 박히셨다. 우리가 전문적인 도움을 구하는 많은 문제들은 우리가 원하는 것을, 원하는 때에 얻으려는 마음에서 시작되는 것이 아닐까? 먼저 그런 마음을 굴복시킨다면 구하는 답을 더 빨리 얻을 수 있지 않을까? 나는 그랬다. 나는 이것이 진리임을 안다. 그리고 이 진리가 지나치게 단순하다고 즉각 반대를 제기하는 사람들이 있다는 것도 안다. 그들에게 나는 이렇게 간단히 대답할 것이다. 이 책은 그리스도인의 훈련에 관한 책이라고, 이 책은 출발점에 대해 말하고 있다고, 이 책은 이미 그들의 주인을 알고 있으며, 그분의 말씀이 삶의 기준이 되는 사람들을 대상으로 삼고 있다고.

바울은 디도에게 진리로부터 돌아선 사람들을 조심하라고 엄중하게 경고하였다. "불순종하고 헛된 말을 하며 속이는 자가 많은 중 할례파 가운데 특히 그러하니 그들의 입을 막을 것이라 이런 자들이 더러운 이득을 취하려고 마땅하지 아니한 것을 가르쳐 가정들을 온통 무너뜨리는도다… 그들이 하나님을 시인하나 행위로는 부인하니 가증한 자요 복종하지 아니하는 자요 모든 선한 일을 버리는 자니라"(딛 1:10-16).

많은 육체적, 정신적, 심리적 질병들이 불순종에서 비롯된다는 것은 분명하다. 옳은 것과 그른 것을 선택해야 할 기로에 서서 혼란과 좌절을 핑계로 그 차이를 모호하게 흐릴 때, 그 영혼은 감염이 된다. 악이 그 마음과 혼과 육신에 침입할 기회를 얻게 되고, 병든 사람은 그의 문제를 진단해줄 전문가를 찾아나선다. 때로는 환자가 자신의 문제를 너무 잘 알고 있기 때문에, 주님이 고백하라고 말씀하실 것이 두려워 그분께 문제를 가져가기를 꺼리기도 한다. 주위를 둘러보라. 방종에서 벗어나라. 당신 자신을 동정하지 말라. 그 사람을 용서하라. 빚진 것을 갚으라. 사과하라. 진실을 말하라. 자기를 부인하라. 다른 사람의 행복을 배려하라. 당신의 삶을 내려놓으라.

그 사람은 자기의 이야기를 판단하지 않고 들어주고, 어떤 죄의식이 표면에 떠오르든지 그것을 가볍게 여기거나 정당한 것이 아니라고 가볍게 처리해줄 조언자를 선택할 가능성이 크다. 드러난 비밀에 대한 조언자의 해석은 환자가 성경에서 찾아낸 것보다 환자의 입에 맞을 것이다. 성경은 "하나님의 말씀은 살아 있고 활력이 있어 좌우에 날선 어떤 검보다도 예리하여 혼과 영과 및 관절과 골수를 찔러 쪼개기까지 하며 또 마음의 생각과 뜻을 판단하나니 지으신 것이 하나도 그 앞에 나타나지 않음이 없고 우리의 결산을 받으실 이의 눈앞에 만물이 벌거벗은 것 같이 드러나느니라"(히 4:12-13)고 기록하고 있다.

어떤 조언자가 아무리 학문적으로 훌륭한 자격을 갖춘 사람이라고 해도, 살아 계신 하나님의 말씀의 도움없이 생명과 영혼이 갈라지는 지점까지 꿰뚫고 들어갈 수 있겠는가?

도움을 줄 만한 자격을 갖춘 자, 즉 주님의 율법을 기뻐하며, 밤낮으로 율법을 묵상하는 사람에게 도움을 구해 혼란과 어둠으로부터 벗어나는 경우도 종종 있다. 자기의 문제를 다른 사람에게 말할 필요성, 모든 요인을 이해하려는 노력, 그것을 말로 표현하고 냉철하게 다른 지성을 가진 존재에게 설명하며, 함께 그것을 분석하고 문제 하나하나를 놓고 기도하는 것은 놀라운 깨달음의 경험이 될 수 있을 것이다.

하나님은 혼란의 하나님이 아니시다. 그분은 이렇게 약속하셨다.

"내가 네 갈 길을 가르쳐 보이고 너를 주목하여 훈계하리로다 너희는 무지한 말이나 노새 같이 되지 말지어다 그것들은 재갈과 굴레로 단속하지 아니하면 너희에게 가까이 가지 아니하리로다 악인에게는 많은 슬픔이 있으나 여호와를 신뢰하는 자에게는 인자하심이 두르리로다 너희 의인들아 여호와를 기뻐하며 즐거워할지어다 마음이 정직한 너희들아 다 즐거이 외칠지어다"(시 32:8-11).

몇 년 전 남편과 나는 집을 사서 이사를 하고, 우리가 이사 나온 집을 세주는 꽤나 복잡한 일을 치뤄내야 했다. 시기를 모두 맞추는 건 절대 불가능해보였다. 우리는 새집이 준비될 때까지 이사를 갈 수 없었으므로 세를 들어오기로 되어 있는 사람들에게 언제 집을 비워줄지 약속할 수 없었다(그 가족은 하루라도 빨리 이사를 와야 할 처지였다). 어떻게 해야 할까? 나는 그 생각에만 사로잡혀 있었다. 무언가에 사로잡혀 있는 것은 쉬운 일이 아니다. 그러나 우리 삶 – 집 문제까지 포함해서 – 의 주인은 그리스도시다. 생각도 마찬가지다. 복잡하게 얽혀 있는 문제를 풀 길이 없어 보였다. 머릿속에서 떠돌아다니는 그 도망자를 붙잡았다고 생각하는 순간, 그것은 다른 탈출구를 찾아내 도망가버리곤 했다.

라르스와 나는 모든 것을 주님 앞에 완전히 내려놓았다. 우리 결정에 영향을 미칠 사람들과 또 영향을 받을 사람들을 위해서, 그리고 우리뿐만 아니라 그들의 필요도 채워주시고 우리가 어떻게 해야 할지 분명하게 알려달라고 주님께 기도했다. 그런 후에 우리는 한 번에 한 가지씩, 이성과 불가능을 뛰어넘는 일(거의 모든 상황이 그랬다!)을 행하시는 하나님을 믿으며 가장 합리적이고 가능하다고 생각되는 일부터 시작했다. 하나님은 우리의 기도를 응답하셨다. 지금 우리는 그와 비슷한, 더 복잡한 상황에 처해 있다. 라르스는 먼 곳에 있다. 어제 나는 홀로 우리가 2년 전에 함께했던 기도와 같은 맥락의 기도를 드리다가 성경을 집어들고 그냥 펼쳐지는 곳을 읽었다. 시편 18편 옆의 여백에 내가 '세입자들을 위한 기도'라고 적어놓은 메모가 눈에 들어왔다. 날짜도 적혀 있었는데, 어제부터 계산해 정확히 일주일이 모자라는 2년 전이었다. "주께서 나의 등불을 켜심이여 여호와 내 하나님이 내 흑암을 밝히시리이다… 하나님의 도는 완전하고 여호와의 말씀은 순수하니…"(시 18:28-30). 나는 '세입자들을 위한 기도'라는 메모 아래 새 날짜와 함께 중복 부호를 적어넣었다. 나는 하나님을 신뢰할 힘을 얻었고 고집스러운 내 생각, 의심과 두려움을 결박 지었다(그 후에 덧붙여진 메모 : 정확한 시기에 입주자를 찾음).

훈련된 마음을 갖기를 간절히 원하는가? 두 종류의 마음에 대해 말하고 있는 성경 말씀에 비추어 우리가 어떤 마음을 가지고 있는지 쉽게 분별할 수 있다.

세속적인 마음

둔한 마음	누가복음 21:34(NEB, 새영어 성경)
상실한 마음	로마서 1:28(KJV, 흠정역)
타락한 마음	로마서 1:28(NEB)
육신의 생각	로마서 8:7(RSV, 영어개역 성경)
하나님과 원수됨	로마서 8:7(RSV)
하나님의 법에 굴복하지 아니할 뿐 아니라 할 수도 없음이라	로마서 8:7(PHILLIPS, 필립스신약)
육신의 일을 생각함	로마서 8:5(YOUNG CHURCHES)
육신의 생각은 사망이요	로마서 8:6(NEB)
마음이 굳어짐	에베소서 4:18(NEB)
총명이 어두워지고 무지함	에베소서 4:18(YOUNG CHURCHES)
땅의 일을 생각함	빌립보서 3:19(NEB)
육신의 생각에 따라 헛되이 과장함	골로새서 2:18(RSV)
더러운 마음	디도서 1:15(NEB)
병든 마음	디도서 1:15(YOUNG CHURCHES)

그리스도께 순종하는 마음

깨어 있음	누가복음 21:36(PHILLIPS)
너그러움	사도행전 17:11(PHILLIPS)
간절한 마음	사도행전 17:11(NEB)
겸손한 마음	빌립보서 2:5-9, 골로새서 3:12 (YOUNG CHURCHES)
영의 생각	로마서 8:6(NEB)
생명	로마서 8:6(YOUNG CHURCHES)
평안	로마서 8:6(NEB)
의	에베소서 4:24(NEB)
거룩함	에베소서 4:24(NEB)
능력	디모데 후서 1:7(KJV)
절제	디모데 후서 1:7(NEB)
온유함	야고보서 3:13(NEB)

위에서부터 온 것이 아닌 지혜는 "땅 위의 것이요 정욕의 것이요 귀신의 것"(약 3:15)이라고 야고보는 말한다. 그것은 온갖 무질서와 악을 동반하는 심한 질시와 이기적인 야망을 품고 있다.

위에서부터 주어진 지혜는 이와 반대로, "첫째 성결하고 다음에 화평하고 관용하고 양순하며 긍휼과 선한 열매가 가득하고 편견과 거짓"(17절)이 없다. 그리스도를 닮은 마음은 세상이 중요하게 여기는 것을 소중히 생각하지 않으며, 세상이 무가치하다고 생각하는 것을 소중히 여긴다. 나는 거의 반세기를 그리스도인으로 살아왔지만 아직도 가야 할 길이 멀다. 결정을 내려야 할 때마다 내 마음과 생각을 살펴보면 언제나 옛사람의 특성들이 아직도 많고, 새로워진 마음이 제시하는 것은 희미할 뿐임을 발견하게 된다. 나는 그것을 '부단히 경계하고 있는가?' 자문해본다. 그럴 때도 있다. 그러나 내가 아침 일찍 기도하려고 하거나 다른 누군가를 위해 기도할 때, 마음을 집중하려고 해보면 알 수 있다. 내가 약간이라도 관대해졌다고 생각하는 순간, 그 관대함은 특정한 사람들에게만 적용될 뿐 나를 파멸시키려고 하는 사람들에게는 적용되지 않음을 알게 된다. 만약 아주 드물게, 나의 아주 작은 겸손이라도 그것이 어떤 것인지 다른 사람이 눈치챘다치면(맙소사, 눈치채다니?), 누군가가 내 책에 대하여 최근에 받은 것과 같은 논평을 또다시 보낼 것이다. 그 논평은 이런 의견으로 끝을 맺고 있었다. "일부 독자들은 이 책이 성경에 대한 피상적인 지식을 바탕으로 쓰여졌다고 말할 것이다." 또는 내가 하려고 하는 강연에 대한 이야기를 듣는다. 잘못 전달되고, 잘못 인용되며, 엉뚱하게 해석되고, 추켜세우는 듯하면서 비판하는 이야기들을 듣고 나면, 나는 강연을 망치고 만다. 나는 성령의 일을 도모하고 있는가? 글쎄, 때로는 그렇다. '주님, 당신은 모든 것을 아십니다. 당신은 제가 당신을 사랑하는 것을 아십니다.' 내 마음은 의에 굶주리고 목마르다. 마음의 평화라? 오랜 여행에서 돌아와 책상 위에 할 일이 산더미처럼 쌓여 있을 때만 제외한다면 대부분의 경우에는 그렇다.

내가 나의 하나님을 마음을 다해 사랑한다면, 마음속에는 욕정, 자만심, 불안, 자기애가 들어설 자리가 없을 것이다. 어떻게 주님에 대한 사랑으로 가득 차 있는 마음속에 그런 것들이 들어설 공간이 남아 있을 수 있겠는가?

그런 것들을 발견하면 내가 할 수 있는 일은 기도뿐이다. "주님, 저를 용서해주세요. 제 몸을 산 제사로 다시 당신께 바칩니다. 이것을 당신께 드리는 예배로 받아주시고, 제 마음을 변화시키는 당신의 거룩한 역사를 계속 이루어주셔서 당신께 더욱 합당한 영광을 돌리게 하여주소서. 예수님의 이름으로 기도합니다. 아멘"

이 세상에 사는 동안 우리가 해결책이나 해답이나 심지어는 도피처를 찾는 위기의 순간, 우리에게는 항상 선택의 기회가 주어진다. 세상이 제공하는 해결책, 해답, 피난처를 받아들이거나(그리고 이런 것들은 언제나 많이 있다), 그리스도의 마음과 연합된 마음에 따라 근본적인 대안을 받아들인다. 세상의 길은 하나님을 대항하며 스스로를 높인다. 간혹 매우 열정적인 제자에게 그것이 합리적이고 더 설득력 있어 보이기도 하는데, 그럴 때 그리스도는 오래전 제자들 중 많은 이들이 넌더리를 치며 떠나갔을 때, 그들에게 하셨던 말씀을 우리에게 하신다. "너희도 가려느냐"(요 6:67). 우리가 베드로가 했던 것과 같은 대답을 한다면 우리의 반항적인 생각은 다시 한 번 결박 지어질 것이다. "주여 영생의 말씀이 주께 있사오니 우리가 누구에게로 가오리이까"(68절). 성결에 이르는 길이 다시 보이기 시작할 것이다. 그 제자는 좁은 문을 통과해 앞으로 나아갈 것이다.

8장

지위의 훈련

어느 날 한 친구가 전화를 걸어서 질문을 했는데, 그 질문이 나에게 새로운 생각의 방향을 제시해주었다.

"론Ron과 나는 얼마 전에 들은 설교 때문에 마음이 편치 않았어. 교회를 나오면서 목사님과 악수할 때 무슨 말을 해야 할지 모르겠더라. 내가 제일 괴로운 건 목사님을 어떻게 존경해야 하는가 하는 문제야. 성경은 모든 사람을 존경하라고 말하지 않니?"

그렇다. 그러나 현대적인 젊은 여자가 묻는 질문치고는 얼마나 구식인가? 존경하라고? 우리 시대에 존경에 대해 생각하는 사람이 누가 있을까? 우리는 모두 동등하다. 우리는 자신을 소개할 때 이름만 말한다. 우리는 한때 우리 윗사람이었던 사람들의 직함을 사용하지 않는다. 학교에서 존경심을 찾아보기란 매우 어렵다. 보이스카웃에서 아직도 '스카웃 명예 선서'를 하는지 모르겠지만, 만 3천 명의 항공 교통 관제사들이 파업을 하면서 서약을 깨뜨렸을 때 온 나라가 동요했다. 파업자들 중에는 그 선서의 진정한 의미를 생각해본 사람들도 있었겠지만, 사실상 일주일에 32시간의 근무 시간과 최저 연봉 3만 642달러의 요구가 그들이 서명한 선서를 대체했다. 타임지는 이 사건에 대해 언급하면서 18세기 영국의 법무 차관이었던 윌리엄 머레이William Murray의 말을 인용했다. "서약이 구속력이 있다고 생각하지 않는 나라는 1년도 지탱할 수 없다. 서약이 없는 사회는 와해될 수밖에 없기 때문이다."

성경은 모든 사람을 '마땅히 존경'하라고 말한다. 마땅히due라는 말은 '반드시 치루어야 할, 응당받아야 할'이라는 뜻이다. 다시 말해서 다른 사람을 존경하는 것은 당연히 해야 할 의무와 같은 것으로서, 청구서나 통행료나 세금과 같이 반드시 내야 할 것이라는 뜻이다.

항공 교통 관제사들은 그렇지 않았지만, 이것은 우리 자신이나 타인에 대해서 느끼는 감정과는 전혀 상관이 없는 것이다.

"모든 자에게 줄 것을 주되 조세를 받을 자에게 조세를 바치고 관세를 받을 자에게 관세를 바치고 두려워할 자를 두려워하며 존경할 자를 존경하라 피차 사랑의 빚 외에는 아무에게든지 아무 빚도 지지 말라 남을 사랑하는 자는 율법을 다 이루었느니라"(롬 13:7-8).

여기서 우리는, 제자는 하나님 앞에 홀로 서서 하나님께 대한 그의 기본적인 의무를 대면해야 한다는 점을 크게 강조해야 한다. 하나님은 그에게 상대방이 의무를 다했는지 묻지 않으실 것이다. 하나님이 요구하시는 것은 오로지 순수한 마음이다. 우리는 상대방(사람, 기관, 사회)이 그 의무에 합당하게 살지 못한다는 이유로 우리 자신에게서도 그 의무를 면제하기가 쉽다. 그러나 제자의 순종에는 조건이 없다. 각 사람이 관심을 가져야 할 것은 '너에 대한 비난의 여지를 남겨놓지 말라' 는 것뿐이다. 성경은 다른 사람들이 우리를 존중했는지 확인해야 한다고 말하지 않는다.

존중이라는 말은 '존경, 경의, 명예' 라는 의미를 담고 있다. 그리스도인은 모든 인간이 하나님의 형상대로 창조되었다고 생각한다. 모든 사람은 다 죄인이므로 그 형상이 훼손되기는 했지만, 그럼에도 그것은 구속받을 수 있으며 존중받아야 할 거룩한 형상이다.

한 가지 혼동을 주는 첫 번째 요인은 존경의 정의다. 존경은 무엇보다도 '하나님 안에서 경외하는 것' 이다. 다시 말해서, 하나님이 그 사람을 창조하신 의도에 맞게 그 사람의 진가를 인정하는 것이다. 그런데 성경은 '하나님은 사람들을 차별하지 않으신다' 고 말한다. 하나님은 편애하지 않으신다는 뜻이다. 동일한 의미로 야고보는 우리가 어떤 사람이 값진 옷을 입고 있다고 해서 특별한 관심을 보이며,

사람을 차별한다면 그것은 악한 생각으로 판단하는 것이라고 말한다 (약 2:1-4).

옳지 못한 이유로 누군가를 차별하는 것은 잘못이다. 하나님을 예배하는 장소에서는 금반지를 끼고 옷을 잘 차려입은 사람과, 초라한 옷을 입은 가난한 사람 모두 환영받아야 한다. 이것이 그리스도인의 의무다. 허름한 옷을 입고 온 부자는 존경의 또 다른 면을 예시해 준다. 예수님은 혼인 잔치에 어울리지 않는 옷차림을 하고 온 사람이 어둠 속에 던져져 울며 이를 가는 이야기를 하셨다(마 22:11-14). 예수님이 말씀하시고자 하는 것은 물론 존경에 대한 것은 아니지만, 그 속에는 진리가 들어 있다. 또한 적절한 옷차림을 거부한 것(관례상 그런 옷을 입을 형편이 안 되는 손님들에게 주인이 옷을 제공한다고 함)은 결례다. 또한 적절한 옷차람을 할 수 있는 데도 초라한 옷을 입은 부자는 편파심의 또 다른 모습이다. 역설적 속물근성이다.

의복에 관해 거론하는 것은 매우 예민한 사안이라는 걸 나는 안다. 하나님은 우리의 마음을 보시므로 그리스도인들에게 의복의 문제는 수십 년 동안 아주 하찮은 문제이거나, 전혀 문젯거리가 되지 않았기 때문이다. 그러나 존경에 대해 말하면서 이것은 다시 생각해 볼 가치가 있다고 본다. 예를 들어, 면접을 보러 갈 때, 특별한 손님을 접대할 때, 초대된 것을 영광스럽게 생각하는 모임에 참석할 때, '옷을 차려입는 것'은 다른 사람에 대한 내 존경심을 표현하는 것이 아닐까? 공연을 할 때 공연자와 관객이 옷을 차려입는 것은 서로에 대한 예의가 아닐까? 자기 과시라고 비웃음을 살지도 모르지만('도대체 누구에게 잘보이려고 그렇게 입은 거야?'), 정말 사랑하는 사람을 위해 은 식기를 닦고 아름다운 식탁보를 꺼내고 초와 꽃으로 장식하는 사람의 순전한 겸양의 마음과 같은 것일 수도 있다. 학생들의 태도가 교수의 실력만이 아니라 옷차림새에도 크게 영향을 받는 것을 나는 보아왔다.

존경에 대한 정의 외에 존경의 문제를 혼동하는 두 번째 이유는 누구나 주는 만큼 받아야 한다는 우리 시대의 인식이다. 이는 과잉된 민주주의며, 기독교의 정신과 혼동되어져서는 안 된다. 모든 사람이 모든 권리를 갖는 것은 아니다. 어린이는 보살핌을 받아야 할 권리가 있다. 성인은 그렇지 않다. 성인은 투표할 권리, 결혼할 권리, 세금을 내야 할 권리를 가진다. 어린이는 그렇지 않다.

우리가 정말 중요한 차이점을 이해하는 데 도움이 될 핵심 단어 역시 '마땅히'라는 말이다. 베드로는 모든 사람들을 마땅히 공경하라고 말하면서 그 명령을 실천하는 세 가지 방법을 명시한다. "형제를 사랑하며 하나님을 두려워하며 왕을 존대하라"(벧전 2:17). 우리는 앞서 마땅한 것은 빚진 것임을 보았다. 그것은 특정한 사람에게 어울리고 적당하고 적합다는 것이다. 각자에게는 서로 다른 존중과 존경이 어울리며, 우리는 실제로 다른 방식으로 그들을 존중한다. 찰스 황태자와 다이애너의 결혼보다 더 분명한 예는 없을 것이다. 찰스가 왕자의 신분이고, 영국의 왕위 계승자였기 때문에 그의 결혼식이 엄숙하고 화려한 것은 당연한 일이었다. 그의 결혼식은 당연히 기대했던 대로 합당하고, 어울리고, 적절했다. 우리의 기대가 충족되었다는 것이 큰 기쁨의 원천이었다. 군중들의 얼굴 표정이 그 사실을 웅변적으로 입증하고 있었다.

명예는 주어지는 것이지 빼앗는 것이 아니다. 찰스 황태자가 왕이나 국민들이 반대하는 데도 장려한 결혼식을 요구했다면 아무도 그 결혼식을 기뻐하지 않았을 것이다. 그가 요구한 것이 아니라 그의 신분이 그것을 요구했다. 이것이 우리가 서로를 존중해야 할 의무에 대해서 알아야 할 가장 중요한 점이다. 우리는 하나님 앞에서의 다른 사람의 신분을 존중해야 한다.

의무라는 말도 유용한 말이다. 이 말은 '당연히 지불되어야 할 것(세관에서 세금을 내야 하듯이), 개인의 직업이나 직책에 따라 요구되는 행동, 책임감'이라는 뜻을 가지고 있다.

왕실의 마차가 지나갈 때 수십만 명의 사람들이 국기를 흔들고 박수를 치고 환호성을 질렀다. 기품 있게 제복을 차려입은 기수들이 호화롭게 성장한 말을 타고 지나갔다. 그렇게 황태자와 황태자비는 적절한 예우를 받았고, 그들은 그에 대한 보답으로 고개를 숙이거나, 미소를 짓거나, 손을 흔들기도 하고 국민들의 갈채에 응답하기 위해

버킹엄 궁전의 발코니에 몇차례 모습을 드러냈다. 이것은 황태자 부부가 군중들을 존중한다는 응답이었다.

명예는 신성한 의무를 인식하는 가장 진실되고 가장 고상한 의미에서의 자존심과 관계가 있다. 바울은 "서로 우애하고 존경하기를 서로 먼저 하며"(롬 12:10)라고 로마 사람들에게 말한다. 아이작 디네센 Isak Dinesen 은 그녀의 소설 「아웃 오브 아프리카 Out of Africa」에서 이 의미를 가장 정확하게 표현하였다.

> 야만인은 자기의 자존심을 존중하고 다른 사람들의 자존심을 혐오하거나 믿지 않는다. 나는 문명인이 되리라. 나는 내 적들, 내 하인들, 그리고 내가 사랑하는 사람의 자존심을 존중하리라. 그리고 내 집은 가장 겸허한 의미에서, 광야 속 개화된 장소가 되리라.
>
> 무엇보다도 하나님의 자존심을 존중하라. 그리고 당신 이웃의 자존심을 당신의 것과 같이 존중하라. 사자의 자존심을. 그들을 동물원에 가두지 말라. 당신 개들의 자존심을. 그들이 비대해지게 하지 말라. 동지들의 자존심을 존중하라. 그리하여 그들로 하여금 자기 연민에 빠지지 않도록 하라.
>
> 정복당한 나라들의 자존심을 존중하라. 그리고 그들로 하여금 그들의 아버지와 그들의 어머니를 존경하도록 하라.

타인의 자존심을 존중하려면 관대한 마음이 필요하다. 마음이 좁은 사람은 다른 사람이 인정받거나 명예를 얻거나 어떤 지위에 오르는 것을 보고 싶어하지 않는다. 우리는 모두 누군가가 분에 넘치는 지위에 오르는 것을 보고 내심 불평했던 때가 있었을 것이다. "이건 공평하지 않아. 그는 그럴 자격이 없어. 도대체 누가 그를 임명한 걸까? 어떻게 내가 아니고 그가 이사가 될 수 있단 말인가?" 이 마지막 질문이야말로 우리 마음속 가장 내밀한 곳에 도사리고 있는, 서로를 존중하고 싶지 않은 마음 - 질투심을 일으키는 정말 악한 자존심 - 을 드러내고 있다. 하나님은 때때로 '적합한' 사람인 우리가 얼마나 자만심으로 가득 차 있는지 깨닫게 하시려고 '적합하지 않은' 사람이 인정을 받도록 허용하시는 게 분명하다.

기독교는 권리가 아니라 정의를 가르친다. 기독교는 평등이 아니라 남을 높이는 것(존중)을 중히 여긴다. 그리스도인은 자기 자신에게 갚아야 할 것이 아니라, 남에게 갚아야 할 것에 관심을 가진다.

"너희를 저주하는 자를 위하여 축복하며 너희를 모욕하는 자를 위하여 기도하라… 네게 구하는 자에게 주며 네 것을 가져가는 자에게 다시 달라 하지 말며"(눅 6:28-30).

이것은 과거의 '눈에는 눈 이에는 이' 식의 보복법과는 거리가 멀다. 그런데 이상하게도 평등을 이상적인 것으로 생각하는 오늘날, 오히려 과거에 불리한 입장에 있던 사람들, 예를 들어 범죄자, 가난한 사람들, 소수 민족, 여자들에게 불이익이 주어지는 역차별을 종종 보게 된다. 구약 시대에 이스라엘 백성들은 가난한 자를 편들거나, 그들에게 호의를 베푸는 것이 힘 있는 자에게 굴복하는 것만큼이나 정의를 왜곡하는 것이라고 배웠다.

"너희는 재판할 때에 불의를 행하지 말며 가난한 자의 편을 들지 말며 세력 있는 자라고 두둔하지 말고 공의로 사람을 재판할지며…나는 여호와니라"(레 19:15-16).

"나는 여호와이니라I am the Lord." 이스라엘 백성들에게는 이 이유 하나만으로 충분했다. 인자가 되신 예수 그리스도의 얼굴에서 하나님의 영광을 본 우리는 더 많은 이유를 가지고 있다. 그분을 기억하며, 모든 사람을 존중해야 한다.

우리보다 높은 위치에 있기에 특별히 존중하라고 명령받은 사람들은 관료, 부모님, 선생님, 고용주, 웃어른들이다. 웃어른들은 두 배로 존경받고, 연금도 두 배로 받을 자격이 있다. 우리를 위해 고생하고 수고하신 분들은 존중받아야 마땅하다.

바울은 빌립보 사람들에게 그의 동역자이자 친구인 에바브로디도를 마음을 다해 환영하고 공경해달라고 말했다. 왜냐하면 "그가 그리스도의 일을 위하여 죽기에 이르러도 자기 목숨을 돌보지 아니한 것은 나를 섬기는 너희의 일에 부족함을 채우려 함"(빌 2:30)이기 때문이었다.

데살로니가 사람들에게는 이렇게 썼다. "형제들아 우리가 너희에게 구하노니 너희 가운데서 수고하고 주 안에서 너희를 다스리며 권하는 자들을 너희가 알고 그들의 역사로 말미암아 사랑 안에서 가장 귀히 여기며 너희끼리 화목하라"(살전 5:12-13).

캘커타의 마더 테레사^{Mother Teresa}는 도시의 길거리에 누운 채 죽어가는 가난한 사람들을 공경했다. 그녀는 가장 초라한 인류의 부스러기 속에서 그리스도를 보았고, 사랑과 겸손으로 그들을 끌어 안고 보살폈다. 그들 속에서 하나님의 형상을 발견하지 못한 자는 그런 일을 할 수 없을 것이다.

존경은 현대 사회에서 우리가 이해하기 어려운 것인 듯하다. 내가 가르쳤던 신학교의 많은 학생들이 리브 인^{live-ins} – 집안 일이나 정원 일을 해주는 대가로 집세를 내지 않고 사는 사람 – 으로 일하고 있었는데, 몇 사람과 이야기를 나누면서 나는 그들이 하인처럼 취급당하는 데 마음을 상했던 경험이 있다는 것을 알게 되었다. 그들은 가족들과 동등한 지위가 주어져야 한다고 생각했다. 그들이 일하는 조건으로 그곳에 살도록 허락받았음을 내가 지적하자, 고용인의 지위에 대한 인식이 없었던 그들은 당황하는 것 같았다.

자신의 지위를 아는 것은 그리스도인에게 중요하다. 우리의 지위를 모른다면 우리는 존중해야 할 것을 정당하게 존중하지 못할 것이다. 이 사람은 누구이며 이 사람과의 관계에서 나는 어떤 위치에 있는가? 우리는 언제나 권위 아래 있다. 우리는 왕이나 대통령, 부모님, 고용주, 선생님, 남편, 상사, 목사와 장로와 감독 그리고 물론 가장 중요한 그리스도를 존중하고 존경해야 한다.

한 신학생이 어떤 교수가 학생들을 잘 만나주지 않는다고 비난했다. 그 학생에게 물어보니 그 교수가 강의 시간표대로 강의를 하며, 고시된 시간에 연구실에 가면 만날 수 있다는 사실을 인정했다. 그러나 그 교수는 강의가 끝나자마자 강의실을 떠났고, 교내 식당에 거의 나타나지 않았으며, 학생들과 커피를 마시는 일도 없다는 것이 문제였다.

"그건 잘못이지요!" 그 학생이 말했다.

"잘못이라고요?"

"그분은 사람들과 가까이 지내시지 않아요. 일례로, 제가 강의를 들었던 교수님들을 호칭할 때 이름으로 부르지 않는 분은 그분이 처음이에요."

그 젊은이에게서 지위에 걸맞는 존경이나 대접을 하려는 생각은 눈꼽만큼도 찾아볼 수 없었다.

바울이 노예들에게 한 충고는 우리 모두가 분명하게 알아야 할 원칙을 예시하고 있다.

"무릇 멍에 아래에 있는 종들은 자기 상전들을 범사에 마땅히 공경할 자로 알지니 이는 하나님의 이름과 교훈으로 비방을 받지 않게 하려 함이라 믿는 상전이 있는 자들은 그 상전을 형제라고 가볍게 여기지 말고 더 잘 섬기게 하라 이는 유익을 받는 자들이 믿는 자요 사랑을 받는 자임이라 너는 이것들을 가르치고 권하라"(딤전 6:1-2).

믿음과 사랑으로 하나가 된다는 것은 그 관계가 종과 주인이든, 학생과 교수든 상관없이 친구가 된다는 의미가 아니다. 나는 그 학생이 친밀함이라고 이름 붙인 학생의 권리에 대한 설익은 개념을 주장하기보다, 어느 정도의 거리를 유지하면서 그 교수를 존경하는 데 더 관심을 가져야 함을 깨닫게 하려고 애썼다. 그의 권리는 배울 수 있는 권리였으며, 다른 모든 권리가 그렇듯이 그것에는 한계가 있다. 학생이 될 권리가 곧 친구가 될 권리는 아니다. 만약 그 학생이 교수의 친구가 된다면, 그것은 특권일 것이다.

우리 위에 군림하는 권위를 가진 윗사람을 존중하는 것은 순종의 모습으로 나타난다. 종은 그 주인보다, 학생은 교수보다, 아이는 부모보다 높지 않다. 그리스도께 먼저 순종할 때, 인간의 권위에 순종하기가 더 수월해질 것이다. 섬김의 기준 또한 크게 높아질 것이다.

"눈가림만 하여 사람을 기쁘게 하는 자처럼 하지 말고 그리스도의 종들처럼 마음으로 하나님의 뜻을 행하고 기쁜 마음으로 섬기기를 주께 하듯 하고 사람들에게 하듯 하지 말라 이는 각 사람이 무슨 선을 행하든지 종이나 자유인이나 주께로부터 그대로 받을 줄을 앎이라"(엡 6:6-8).

거트 비한나Gert Behanna는 〈여자여, 여자가 되라!〉는 강연(여성 해방 운동이 시작되기 훨씬 전에 한 강연)에서 집안일을 싫어하는 여자들에게 예수님을 위해서 셔츠를 다리거나 요리를 하겠는지 묻는다. 어떤 일이든, 그것이 아무리 비천한 일이라 해도 예수님께 바치는 일이라고 생각하면 새로운 시각에서 그것을 보게 된다.

아내가 남편에게 순종하는 것은 아내가 남편에게 보여주어야 할 적절한 존경의 표현이다. 아내는 그리스도께 순종하듯 남편에게 순종한다. 남편을 존중함으로써, 아내는 그리스도를 존중해야 한다. 즉, 아내는 그리스도 안에서 있는 그대로의 남편을 존중해야 한다. 만약 남편이 그에게 주어진 '아내를 사랑하라'는 특별한 명령을 수행하지 않으면 아내는 남편에게 아무것도 빚진 것이 없다는 논쟁이 자주 거론된다. 이런 태도는 영원한 대립을 불러 일으킨다. 남편이 아내의 존경을 얻지 못했다는 이유로 아내가 남편에게 순종하기를 거부한다면, 같은 맥락에서 남편도 아내가 순종하지 않으므로 아내 사랑하기를 거부할 수 있다. 남편과 아내에게는 각자에게 해당되는 명령과 상대방에게 먼저 다가갈 수 있는 능력이 각각 주어졌다. 아내의 경우, 그녀들의 능력에 대해 베드로는 "온유하고 안정한 심령의 썩지 아니할 것"(벧전 3:4)이라고 말했다. 그런 순종의 능력은 타산

적이지 않다. 심지어 아무 말하지 않고도 자기 아내의 정숙하고 경건한 행동을 보고, 믿지 않는 남편이 믿게 될 수도 있다.

그렇다면 잔인하고 아내를 학대하는 믿음이 없는 남자를 통행료나 세금을 지불하듯이 존중하는 것이 가능할까? 남편의 부당한 태도나 미움을 보고 아내가 뒷걸음친다면? 아내가 고통이나 다른 무서운 결과를 두려워한다면? 수세기에 걸쳐서 숱한 '불가능한' 인간의 환경 속에 하나님의 은혜가 임했다. 그 은혜로 인해 그녀는 주께 드리듯 그 남편을 존경할 수 있을 것이다. 그것이 그녀의 남편에게는 과분하고 아무 소용 없는 일이라도 그리스도께는 소용 있다는 것을 확신한다. 그리고 그녀가 보여준 경건한 행동으로 인해 그리스도가 남편을 믿음으로 이끄실지도 모른다. 두려움이 아닌 믿음이 그녀를 지배해야 한다. 나는 이렇게 말하고 싶다. 하나님을 시험해보라!

권위를 가진 사람을 존중하는 것은, 권위 아래 있는 사람을 존중하는 것과는 다르다. 모든 이보다도 부요하신 그리스도가 가난한 죄인들을 위해 가난해지신 지신 것처럼 더욱 겸손한 자세가 돼야 한다. 그분은 우리를 위해 당신을 소멸시키시고 죽음에까지 이르셨다.

남편의 경우, "남편들아 아내 사랑하기를 그리스도께서 교회를 사랑하시고 그 교회를 위하여 자신을 주심 같이 하라"(엡 5:25)고 말씀하신다. 얼마나 놀라운 의무인가. 남편이 아내를 그렇게 사랑하고 아내는 그런 사랑을 받는 것은 얼마나 영광스러운가. 남편은 특히 아내의 몸을 소중히 여겨야 한다. 왜냐하면 아내의 몸은 더 연약하고, 그들은 함께 생명의 은총을 물려받기(공유하기) 때문이다. 그러므로 남자에게 존중의 의미는, 우월한 대상을 존경하는 것일 뿐 아니라 다른 사람 아래에 있는 대상을 하나님 다음으로 경외한다는 의미로 이해되어야 한다. 여기에는 포학이나 괴롭힘, 군림, 지배가 끼어들 여지가 없다. 더 연약한 존재를 존중하는 것은 자비로운 겸손이다.

다시 황태자의 결혼식으로 돌아가보자. 군중들의 열렬한 환호를 보고 놀라는 사람은 아무도 없다. 당연히 그들은 환호할 것이다. 당연히 수천 명의 사람들이 잠깐이라도 눈부시게 빛나는 마차의 주인공들을 보려고 길바닥에서 밤을 지새우기를 마다하지 않을 것이다. 황태자가 상냥한 미소로 답례하면, 가까이 있는 사람들은 그것이 자기들을 향한 것이라고 확신하여 기뻐 어찌할 줄 모르고, 그들의 가슴은 소박한 자긍심으로 터질 듯하다. 더 큰 자가, 더 작은 자에게 경의를 표했다. 이는 왕실의 의무^{noblesse oblige}이자 하나님의 명령이다.

주인들은 노예들을 존중하라고 명령받았다. "상전들아 너희도 그들에게 이와 같이 하고 위협을 그치라 이는 그들과 너희의 상전이 하늘에 계시고 그에게는 사람을 외모로 취하는 일이 없는 줄 너희가 앎이라"(엡 6:9).

노예처럼 힘없는 약자들을 특별히 존중해야 한다. 자녀나 손주가 없는 과부에게 특별한 지위나 특권이 주어졌다.

어린 아이들도 당연히 존중받아야 한다. "또 아비들아 너희 자녀를 노엽게 하지 말고 오직 주의 교훈과 훈계로 양육하라"(엡 6:4). 이것이 옳다. 어린이들의 권리에는 육체적, 영적, 정신적 보살핌을 받을 권리가 포함되지만, 그들이 전혀 이해하지 못하는 문제에 대해서 듣거나, 부모님과 선생님과 동등하게 대우받을 권리는 포함되지 않는다. 어린이들에게 그런 권리를 부여하는 것은 옳지 못하다. 그런 권리는 아이들에게서 자유(어린이일 수 있는 자유)와 정의(어린이에 대한 정당한 대우)를 빼앗아가므로, 오히려 그들을 존중하지 않는 것이다. 어린이들을 존중한다는 것은 그들이 마땅히 받아야 하고 석설하게 행사할 수 있는 정당한 특권과 책임을 부여하는 것이다.

이 점에 있어서 가장 훌륭한 본보기는, 훈련된 삶의 다른 모든 면에서 그렇듯이 예수님이시다. 존중은 그분의 존재 방식이었다. 십자가에 달리시기 직전에 그리스도이신 그분이 아버지를 영화롭게 하기 위해, 아버지가 하라고 하신 일을 모두 완수하게 해달라고 기도하셨다. 그분은 아버지 앞에 섰을 때, 자신 또한 영화롭게 해달라고 요청하셨다. 그리고 그분께 영광을 돌린, 믿는 자들에 대해서 말씀하신다. 예수님은 존중이라는 말이 실제로 적용되는 세 가지 방법을 말씀하셨다. 첫째는 그분이 아버지를 영화롭게 하시는 것이고, 둘째는 아버지가 그분을 영화롭게 하시는 것이며, 셋째는 믿는 자들이 그분을 영화롭게 하는 것이라고 말씀하셨는데, 이것 외에 넷째 방법이 있다.

그분이 믿는 자들을 영화롭게 하시는 것이다. 이것은 기도나 다음과 같은 구절에 함축되어 있다.

"아버지께서 내게 하라고 주신 일을 내가 이루어 아버지를 이 세상에서 영화롭게 하였사오니 나는 아버지께서 내게 주신 말씀들을 그들에게 주었사오며 내가 그들을 위하여 비옵나니… 내게 주신 자들을 위함이니이다… 아버지께서 나를 세상에 보내신 것 같이 나도 그들을 세상에 보내었고"(요 17:4-18).

만유의 주요 왕 중의 왕이신 분이 우리를 하나님 앞으로 높여주시는 것보다 더 큰 영광이 있을까? 그리스도의 낮아지심은 그분이 우리에게 주신 영광의 크기에 비례한다.

예루살렘 성경의 빌립보서 2장에는 다음과 같이 설명되어 있다.

"그는 근본 하나님의 본체시나 하나님과 동등됨을 취할 것으로 여기지 아니하시고"(6절)라는 말씀은 그리스도가 본질적으로 '하나님 아래에 존재' 하여 하나님과 동등하지 않다고 말하는 것이 아니라, 그 동등성을 예수님이 인간으로 사시면서 포기할 수 있었고, 포기하셨지만(창세기 3장 5절과 22절을 보면 아담은 이와는 반대로 하나님과 같아지기를 원했다) 하나님과 같은 대우와 존경을 받아야 함을 의미한다.

"오히려 자기를 비워"(7절) 이 말씀은 성육신에 대해 말하고 있다기보다, 성육신이 어떤 식으로 일어났는지에 대해 말하고 있다. 예수님이 아낌없이 버리신 것은 그분의 신성이 아니라, 그분의 신성에 수반되는 영광, 요한복음 17장 5절에 나와 있듯이 성육신 전에는 그분의 것이었던 영광, 그리고 정상적으로 말해서 그분의 육신에 나타났을 영광에 대해 말하고 있다… 그분은 자발적으로 영광을 버리셨기에 자신을 희생 제물로 바치신 후 아버지로부터 다시 돌려받으실 수 있었다. 요한복음 8장 50절을 참조하라.

그렇다면 바울이 이렇게 쓴 것이 놀라운 일이 아니다.

"아무 일에든지 다툼이나 허영으로 하지 말고 오직 겸손한 마음으로 각각 자기보다 남을 낫게 여기고 각각 자기 일을 돌볼뿐더러 또한 각각 다른 사람들의 일을 돌보아 나의 기쁨을 충만하게 하라 너희 안에 이 마음을 품으라 곧 그리스도 예수의 마음이니 그는 근본 하나님의 본체시나 하나님과 동등됨을 취할 것으로 여기지 아니하시고 오히려 자기를 비워 종의 형체를 가지사 사람들과 같이 되셨고 사람의 모양으로 나타나사 자기를 낮추시고 죽기까지 복종하셨으니 곧 십자가에 죽으심이라"
(빌 2:3-8).

그리스도가 자신의 거룩한 본성에 수반되는 영광을 포기한 것이 나에게는 그분이 자기를 낮추신 것 중에서 가장 믿기 힘든 부분이다. 그분의 순종하는 마음이 아버지를 기쁘게 할 수 있는 것이라면, 그것이 어떤 것이든, 다른 사람에게 어떻게 보이든지 전혀 개의치 않고 순종하시도록 만들었다. 끊임없이 천사들의 경배를 받으시던 예수님이 인간들의 종이 되려고 오셨다. 설교하시고, 가르치시며, 병자들을 고치시고, 죽은 자를 살리시는 일도 물론 사역의 일부분이었다. 그리고 하나님이 명령하신다면, 우리 역시 하나님을 위해 기꺼이 해야 할 일이다. 그런 일들을 통해서 당신이 하나님임을 증명하실 수 있었다. 그러나 예수님은 먼지 날리는 더위 속에서 몇 킬로미터씩 걷기도 하셨다. 병을 고쳐주어도 사람들은 그분께 감사하기를 잊어버렸다. 그분은 야박한 사람들에게 핍박받고, 괴롭힘을 당하셨으며, 지치셨고, 주리셨으며, 목마르셨고, 미행당하셨다. 의심 많고 질투심을 품은 독선적인 종교 지도자들에게 감시당하고 맹렬한 비난을 받으셨으며, 결국에는 채찍에 맞으시고 침 뱉음을 당하시고 발가벗겨져 손에 못이 박히셨다. 그분은 공개적으로 하나님과 동등한 자로 대우받을 권리(또는 영광)를 포기하셨다.

만약 당신과 나에게 구세주가 해야 할 일의 목록을 적으라고 하면 어떤 목록이 나올까? 이 세상의 구세주에게 바라시는 아버지의 뜻이 무엇인지 주의 깊게 살펴본다면 아마 그분의 제자가 해야 할 일이 무엇인지 눈치챌 수 있을 것이다. 우리는 예수님이 마을의 결혼식에 참석하시고, 여러 가정의 저녁 식사 초대에 응하시며, 제자들에게는 훼방꾼이었을 뿐인 어린 아이들을 품에 안으시거나, 이스라엘의 '잃어버린 양' 중 하나에 불과한 여인의 병을 고쳐주시는 일을 하시리라고는 거의 예상하지 못했을 것이다.

예를 들어, 나는 선교사의 임무에 대해 생각해본다. 내 오라비 데이브Dave와 나는 선교사의 가장 중요한 자질에 대해 이야기를 나누고 있었다. 데이브는 평생 어떤 식으로든 선교 사역과 선교사들과 관계를 맺고 있었다. 데이브는 주저없이 첫 번째 항목으로 융통성을 선택했다. 나는 겸손을 생각했는데, 그와 이야기를 나누면서, 그 두 가지가 결국 같은 것임을 깨달았다.

선교사가 겸손하지 않으면 융통성을 가질 수 없다. 이즈음에는 수준 높은 훈련을 받은 젊은 선교사 지원자들이 그들의 역량에 비해서 맡은 임무가 초라하다고 생각하는 경우가 종종 있다. 대부분의 선교 단체들은 필요하다면 어떤 일이라도 할 각오가 되어 있는 사람들을 절실히 필요로 하고 있다. 섬기는 일에 헌신하는 것은 좋은 일이나, 그 섬김의 형식이 지나치게 편협하게 한정되어서는 안 된다. 우리는 섬기려고 파송되었지, 섬김을 받으려고 파송되지 않았다.

나는 성경 번역 사역을 하기 위해 에쿠아도르에 갔다. 그것은 분명 필요한 일이다. 그러나 그 일을 하기 위해서는 먼저 문자가 없는 언어를 배워야 했다. 그러기 위해서 나는 그 언어로 말하는, 성경 번역에는 털끝만치도 관심이 없는 사람들과 많은 시간을 보내야 했다. 그들과 시간을 보내려면 그들이 하는 일을 하고, 그들이 앉는 곳에 앉으며, 그들이 먹는 것을 먹고, 그들이 생각하는 것을 생각하려 애써야 했다(어느 정도까지는!). 그리고 무엇보다도 나는 살아야 했다. 때때로 나를 무척 힘들게 하는 환경 속에서 살다보니 무엇을 하든 시간이 많이 걸렸다. 가솔린 램프가 필요했던 나는, 가스 발생기의 구멍을 넓히거나 덮개를 교체하거나 램프들을 채우는 데 소중한 시간을 허비했다. 그게 선교사의 일이냐고? 그렇다, 이런 일을 피할 수는 없다.

    나는 의료 행위를 할 수 있는 훈련을 받지 않았지만, 만약 당신이 주변 수 킬로미터 내에서 손과 옷가지에 피묻히기를 꺼려하지 않고, 주사를 놓을 줄 알며, 회충약을 처방할 줄 아는 유일한 사람이라면, 결국 그 일을 할 수밖에 없을 것이다. 당신이 효율적인 문명 생활을 영위하기 원한다면 침대 시트, 가설 활주로, 망이 달린 창, 혹은 등유 냉장고까지 들여와야 할 것이다. 그리고 제일 먼저 알게 되는 것은, 당신이 하는 일은 책상에 앉아 언어 카드를 정리하거나 "태초에 말씀이 계시니라"는 말씀을 케추아어 Quchua 로 어떻게 하는지 알아내려고 애쓰는 일이 아니다. 그것은 바닥에 엎드려 연기가 솟아오르는 냉장고의 환기구를 들여다보며, 열대지방의 열기 속에서 음식물이 모두 부패되기 전에 무엇을 해야 할지 열심히 생각하는 일이 될 것이다. 또는 침대보를 손으로 빨거나 다른 사람에게 세탁하는 방법을 가르쳐야 한다. 당신은 스물다섯 명의 남자와 여자들이 뜨거운 태양(햇빛이 괴로운 건 그들이 아니라 당신이다) 아래서 네 시간 동안 마체테machete(중남미 원주민들이 벌채에 쓰는 칼)를 휘둘러 선교사 파일럿이 일러준 대로 활주로를 만들어 낼 수 있도록 감독하는 감독관도 되어야 한다.

선교 사역을 하다보면 얼마 지나지 않아 이런 질문이 떠오른다(제자의 일을 할 때도 마찬가지다). "도대체 내가 뭐하는 사람이지?"

예수님은 무엇을 하는 분이셨는가? 종? 노예? 내가 다른 사람을 위해 인내하는 것은 내가 그분 안에서 사는 삶에서 비롯된다.

선교사가 제일 먼저 해야 할 일은 그가 찾아간 사람들을 높이는 일, 더 강한자가 더 약한자를 높이고, 후원자가 수혜자를 존중하는 것과 같은 일일 것이다. 나는 인디언들에게 내가 어떤 존재 – 외부에서 온 종자가 다른 골칫거리 – 로 비치는지 익히 알고 있었다. 밀림에 도통 적응하지 못하고, 그들의 언어는 한마디도 할 줄 모르며, 언어 습득 능력도 뒤처지는 듯하고, 그들에게 유용한 것은 아무것도 가지지 못한 나는 분명 그들에게 힘 있는 존재는 아니었다. 우리가 그들에게 그들의 언어로 쓰여진 성경을 나눠주자 그들은 성경 말씀을 믿고 말씀에 순종하기 시작했으며, 우리가 그곳에 와 있는 이유를 이해하고 우리의 인도를 바라게 되었다. 우리가 군림하지 않고, 그들을 약자가 아닌 하나님 앞에서 영적 분별력을 가진 존재로 존중하자 우리에게 권위가 주어졌다. 한 위치를 포기하고 다른 위치에 서며, 교회의 권위 아래서 성장하는 교회와 함께 계속 일하려면 하나님의 영광만을 바라보아야 할 뿐 아니라, 자기의 위치를 바르고 정확하게 파악해야 한다.

나는 내가 질그릇임을 깨닫게 되면서 이 점을 이해하게 되었다. 나는 인디언들의 집에서 질 좋은 질그릇을 많이 보았다. 질그릇은 아주 흔했다. 아무 시냇가에서나 흔히 발견되는 진흙으로 만들어진 그것들은 쉽게 쓰고 버려졌으며, 그릇 자체보다도 그 안에 들어 있는 내용물이 더 중요하게 여겨졌다. 나도 그런 존재였다. 흔하고 쉽게 대체될 수 있지만 예수님의 생명이라는 '소중한 보물'을 담고 있는 그릇과 같은 존재였다. 그와 같은 삶을 살 때에만 교만을 버리고 다른 사람들을 높일 수 있을 것이다.

천국의 기쁨 중 하나는 다른 사람들에게 주어진 지위를 전심으로 인정하고 감사하게 생각하는 것이리라. 왜냐하면 그곳에서 우리의 관심은 더 이상 우리의 지위, 명예, 권리에 있지 않고 권좌에 앉으신 어린 양의 축복과 명예와 영광과 권세에 있을 것이기 때문이다.

9장
시간의 훈련

사랑의 주님, 나는 당신만을 붙들리이다.

시간을 다스리시는 자, 영원의 왕이시여

당신 앞에서는 큰 자도 작은 자도 없나이다.

당신이 모든 것이며, 가장 소중한 분인 까닭입니다.

갓 태어난 세상은 당신의 명령에 흔들리고,

이슬방울이 당신의 손에 떨어지나이다.

하늘의 신비한 힘을 가진 하나님이시여,

당신이 내 시간의 순간순간을 꿰어가시는 걸 내가 보나이다.

에이미 카마이클Amy Carmichael은 그녀의 시에서 고대의 시간에 대한 두 가지 개념을 아름답게 결합시켰다. 하나는 헬라어로 크로노스chronos인데 '우리 시간의 모든 순간' 혹은 지속성이나 연속성의 개념을 담고 있다. 다른 하나는 카이로스kairos인데, 제임스 휴스턴James Houston 박사는 이를 가리켜 수단과 목적을 의미하는 '평가된 시간'이라고 불렀다. "인간은 크로노스의 관점으로 자신의 일시성을 보기보다 카이로스의 관점으로 더 큰 실체 속에서 자신을 희망적인 존재로 보며 자신을 소중하게 여겨야 한다."

'나는 당신만을 붙들리이다. 시간을 다스리시는 자, 영원의 왕이시여' 라는 구절은 나의 일시성은 영원이라는 무한성을 배경으로 할 때에 비로소 이해될 수 있다는 믿음을 표현하고 있다. 아주 작은 이슬 방울 하나에도 사랑의 하나님의 관심과 돌보심이 모자라지 않는다. 그렇다면 지상의 삶에서 내게 주어진 시간 중에서 1분 정도의 아주 적은 시간일지라도 무의미한 것이 있을까? 나는 나의 주님께 내 시간에 대해 무어라고 대답할까?

나는 약속 시간에 늦는 것은 죄라고 배우며 자랐다. 다른 사람들이 너를 기다리게 하는 것은 그들이 가진 것 중에서 가장 소중한 것을 훔치는 것이라고 부모님은 가르치셨다. 시간은 창조물이며 선물이다. 우리는 시간을 더 만들어낼 수 없다. 선물을 받고 성실한 청지기로서 그것을 사용해야 한다.

'시간이 없어요'라는 말은 '원치 않아요'라는 말을 위장한 거짓말일 때가 많다. 우리에게는 하루 24시간, 일주일에 7일이라는 시간이 주어졌다. 모두 동일한 양을 배급받는다. 한 엄마가 "대통령은 하루 24시간 동안 나라를 운영할 수 있는데, 너는 네 방 하나도 못 치운단 말이냐?"고 십대 아들에게 말했다. 어디에 얼마큼의 시간을 쓰느냐는 물론 사람마다 다르지만 제자가 주님께 물어야 할 것이 바로 시간의 문제다. 제가 무엇을 하기 원하십니까, 주님? 우리에게는 하나님이 원하시는 일을 모두 할 수 있는 시간이 분명히 있다.

눈코 뜰 새 없이 바쁠 때, 우리는 카이로스는 거의 생각하지 않고, 눈 깜짝할 사이에 흘러가버리는 크로노스의 시간만을 본다. 우리가 천천히 똑딱거리면서 흘러가는 순간순간을 인식하게 될 때는 만물이 고요할 때다. 그런 때에 우리는 영원에 비추인 한 순간순간의 의미를 생각해볼 기회를 갖는다.

이 장은 조용한 환경 속에서 쓰였다. 수주간 강행했던 영국 여행 – 약 3천 킬로미터를 여행하면서 수많은 잠자리와 숱한 모임, 셀 수 없이 많은 차를 마신 – 뒤에 맛보는 고요함인지라 특히 더 행복하다. 아침에 눈을 뜨면 내가 어디에 있는지도 잘 생각나지 않았다. "보자, 오늘이 화요일인가? 그럼 여기는 쉐필드일 거야."

지난 밤, 나는 집회에서 조마조마한 마음으로 나보다 앞서 강연하는 강사들의 강연을 들으며 내가 할 말들을 되짚어보는 꿈을 꾸었다. 바로 그 순간, 꿈속에서 내가 강연을 하지 않아도 된다는 생각이 떠올랐다. 내가 원하면 잠에서 깰 수 있었고, 그렇게 했다. 그리고 강연이 없는 길고 평온한 하루가 주어졌음을 발견하고 크게 안도했다.

사실 나는 말도 하지 않을 참이었다. 나는 히테에 혼자 있다. 전화도 울리지 않고, 우편물도 오지 않을 것이다. 나누어지지 않은 시간이 길게 펼쳐져 있다. 자명종 시계도 없고, 들어야 할 아침 뉴스도 없으며, 라르스는 이곳에 온 이후로 줄곧 낚시를 하고 있어서 일정하게 정해진 식사 시간도 없다. 나는 식탁에 생선이 오를지, 몇시에 식탁에 앉게 될지 모른다. 라르스가 가끔씩 친척들을 방문하거나 그가 자랐던 고장을 방문해 자고 오기라도 하는 날이면, 나는 홀로 남겨진다. 청소나 요리를 할 필요도 거의 없다. 나는 옷 몇 벌을 번갈아 입는다. '시간이 있다'는 것이야말로 더없는 행복이다.

낮의 길이 때문에 이곳에 있으면 시간에 대한 감각이 이상해진다. 지금은 6월인데, 해가 질 생각을 전혀 안 하는 것처럼 보인다. 해는 수평선 위 서쪽 하늘에 높이 떠 있다가, 밤이 되면 낮은 능선과 나란히 뻗어 있는 수평선 밑으로 살짝 몸을 숨길 뿐이다. 나는 한밤중에 일어나 전망창 앞에 서서 피오르드(높은 절벽 사이에 깊숙이 들어간 협만)를 내려다본다. 하늘은 마치 폭풍이 몰려오기 전에 어둑해진 오후처럼, 섬뜩한 빛을 발하고 있다. 나는 한 번도 램프에 불을 붙이지 않았다. 그 정도로 밤과 아침을 구별하는 '구두점'이 없다.

해뜰 녘, 한낮, 해질 녘, 한밤중… 주일, 월요일, 화요일, 수요일… 1월, 5월, 9월… 겨울, 봄, 여름, 가을… 부활절, 추수감사절, 성탄절 등등 시간을 구분 짓는 구두점들이 있다. 하나님이 빛과 어두움을 나누신 것은 얼마나 놀라운 은혜인가! "저녁이 되고 아침이 되니 이는 첫째 날이니라"(창 1:5). 여섯 날 그리고 안식을 위한 하루, 달이 차고 기우는 것, 계절이 바뀌는 것 모두 하나님의 은혜다.

전도서를 쓴 설교자는 말했다.

"범사에 기한이 있고 천하 만사가 다 때가 있나니 날 때가 있고 죽을 때가 있으며 심을 때가 있고 심은 것을 뽑을 때가 있으며 죽일 때가 있고 치료할 때가 있으며 헐 때가 있고 세울 때가 있으며 울 때가 있고 웃을 때가 있으며 슬퍼할 때가 있고 춤출 때가 있으며 돌을 던져 버릴 때가 있고 돌을 거둘 때가 있으며 안을 때가 있고 멀리 할 때가 있으며 찾을 때가 있고 잃을 때가 있으며 지킬 때가 있고 버릴 때가 있으며 찢을 때가 있고 꿰맬 때가 있으며 잠잠할 때가 있고 말할 때가 있으며 사랑할 때가 있고 미워할 때가 있으며 전쟁할 때가 있고 평화할 때가 있느니라 … 하나님이 모든 것을 지으시되 때를 따라 아름답게 하셨고 또 사람들에게는 영원을 사모하는 마음을 주셨느니라 그러나 하나님이 하시는 일의 시종을 사람으로 측량할 수 없게 하셨도다"(전 3:1-11).

여기 권태와 냉소에 대한 처방전이 있다. 처음부터 끝까지 하나님이 하시는 일에 대해서 전혀 알지 못하는, 시간이라는 실에 꿰어진 무의미한 순간의 연속에 지나지 않는 인생을 힐빌리 송hillbilly song(미국의 중남부 애팔래치아 산맥 지방의 농민과 나무꾼들 사이에서 발생한 오래된 민요 – 역주)은 이렇게 노래한다.

문을 열면 파리가 날아들지

문을 닫으면 땀이 나지

인생은 이렇게 짜증나는 것.

그리스도인에게 시간은 거룩한 것으로 변한다. 우리에게 시간은, 모든 피조물보다 먼저 나신 이며, 만물보다 먼저 계시고, 만물이 그 안에 함께 선 예수 그리스도에 의해, 예수 그리스도를 위해 창조되었으며 하나님의 사랑을 담고 있다고 생각하기에 그러하다. 우리는 인간의 역사를 과거부터 계속 이어내려온 하나님의 역사로 보기에 그분께 일하실 수 있는 자유를 드린다. 그리고 미래 역시 그분께 속해 있으며 우리를 위한 구속의 희망을 담고 있는 것으로 본다. 우리에게는 시간이 선물로 주어졌는데, 이 순간이 다음 순간에 영향을 미치며 그것에 대해 우리가 책임을 져야 함을 안다면, 우리는 그 시간 속에서 누구를 섬겨야 할지 선택할 수 있다.

시편 90편에는 인간의 시간에 대한 감각, 그것의 놀라운 신속성과 중요성과 더불어 하나님의 무한하심과 미래에 얻게 될 기쁨에 대한 약속이 표현되어 있다.

"산이 생기기 전, 땅과 세계도 주께서 조성하시기 전 곧 영원부터 영원까지 주는 하나님이시니이다… 주의 목전에는 천 년이 지나간 어제 같으며 밤의 한 순간 같을 뿐임이니이다… 그들은 잠깐 자는 것 같으며 아침에 돋는 풀 같으니이다… 우리의 평생이 순식간에 다하였나이다 우리의 연수가 칠십이요 강건하면 팔십이라도 그 연수의 자랑은 수고와 슬픔뿐이요 신속히 가니 우리가 날아가나이다… 우리에게 우리 날 계수함을 가르치사 지혜로운 마음을 얻게 하소서… 아침에 주의 인자하심이 우리를 만족하게 하사 우리를 일생 동안 즐겁고 기쁘게 하소서 우리를 괴롭게 하신 날수대로와 우리가 화를 당한 연수대로 우리를 기쁘게 하소서"(2-15절).

성경의 위대한 이야기들 속에서 하나님의 때가 어떤 식으로 드러나는지 생각해보면 놀랍도록 안정되고 평온해진다. 단순히 우연의 일치라고 생각했던 세상 일들이 시간의 지배자에 의해 한치의 오차도 없이 정확한 때에 발생한 것임이 드러나곤 한다.

아브라함의 종은 이삭의 신부감을 찾으러 갔을 때, 동구 밖 우물

옆에 낙타를 꿇어앉히고 하나님의 인도하심을 기도하고 있었다. 그가 기도를 채 끝내기도 전에 그녀가 나타났다.

룻이 들판의 곡식단 사이에서 이삭을 주으러 갔을 때 그 일이 일어났다. 룻이 간 곳은 보아스의 땅이었고, 보아스가 베들레헴에서 막 도착했을 때 그녀가 그곳에 나타났다. 보아스는 룻의 '기업 무를 자 kinsman-redeemer (기업을 되찾아주는 사람)'가 되었다.

소년 다윗이 군인 형들에게 식량을 가져다주려고 진영에 도착했을 때, 블레셋 군사들은 함성을 지르고 있었다. 다윗은 대열 속으로 뛰어들어갔고 바로 그때, 가드 사람 골리앗의 큰 목소리를 들었다. "내가 오늘 이스라엘의 군대를 모욕하였으니 사람을 보내어 나와 더불어 싸우게 하라"(삼상 17:10). 어린 소년이었지만 '빛이 붉고 얼굴이 아름다웠던' 다윗은 만군의 주의 이름으로 그에게 맞서 돌멩이 다섯 개로 골리앗의 이마를 겨냥했다.

열왕기하의 한 구절은 신비하고 경이로운 뜻밖의 '행운'에 대해 말하고 있다. "해가 바뀌매 모압 도적 떼들이 그 땅에 온지라 마침 사람을 장사하는 자들이 그 도적 떼를 보고 그의 시체를 엘리사의 묘실에 들이던지매 시체가 엘리사의 뼈에 닿자 곧 회생하여 일어섰더라"(13:20-21).

예수님이 베드로와 요한에게 가서 유월절을 준비할 것을 지시하시자 그들은 도시에 들어가 물동이를 나르는 한 남자를 발견하고 그를 따라가 예수님이 유월절을 기념하려고 계획하신 집을 찾아내었다. 예수님이 말씀하신 그대로였다.

빌립이 에디오피아의 국고를 맡은 내시가 탄 마차와 마주칠 수 있었던 것은, 주님의 천사가 정확한 시점에 빌립을 예루살렘과 가자를 연결하는 길로 보냈기 때문이다. 빌립은 마침 그 내시가 읽고 있던 책의 구절에 대해 설명해줄 수 있었고, 그로 인해 그는 하나님을 믿게 되었다.

"나의 앞날이 주의 손에 있사오니…"(시 31:15). 이 말씀은 내 삶의 일부가 되었다. 주님이 어떤 일이 해결되기를 기다리는 고통 속에 나를 두실 때, 이 말씀은 나에게 안식을 준다. 비록 앞으로 닥칠 좋은 일을 미리 맛보고 싶어하는 기질 탓에 내게는 좀처럼 느껴지지 않지만, 그분의 때는 언제나 완전하다.

"너는 여호와를 기다릴지어다 강하고 담대하며 여호와를 기다릴지어다"(시 27:14). 이 말씀이 나에게 필요할 때가 많다.

내가 한 집회에서 하나님의 인도하심을 받으려면 때를 기다려야 한다는 내용의 강연을 한 후, 한 여인이 나에게 말했다. "당신이 말한 것이 무슨 뜻인지 잘 알아요. 나도 그런 경험을 했답니다. 내가 선교사로 헌신했을 때 나는 하나님이 내가 갈 곳을 금방 보여주시리라고 기대했죠. 그러나 그분은 그러지 않으셨어요. 나는 간절한 마음으로 기다리며 기도했고, 또 기도하며 기다렸지요. 왜 그분은 나에게 말씀하시지 않는 걸까? 나는 왜 기다려야 하는가? 나는 영양사 일을 배웠었는데 그 일이 선교지에서 유용하게 쓰일지는 상상도 못했지요. 내가 선교사로 자원하고 나서 18개월 동안 끈질기게 기도하던 중에 한 선교사가 성경 학교에 와서 강연을 했어요. 그 선교사는 강연을 마치면서 말했지요. "…그리고 인도에 영양사를 보내달라고 기도해주십시오." 바로 그때 주님이 말씀하셨지요. '바로 너다, 그웬Gwen. 가거라!' 그리고 6개월 후에 나는 인도에 있었지요."

"나의 앞날이 주의 손에 있사오니…." 그러나 시간이 사람들의 손 안에 있는 듯이 보이는 때가 허다하다. 내가 아무 방해도 받지 않고 홀로 있고 싶을 때 전화가 울리고, 사람들이 찾아오며, 즉각적인 행동을 요구하는 우편물이 도착한다. 그런 방해가 주님께 놀라운 일일까? 그런 일들은 계획된 일들과 달리 합력하여 선을 이루지 않는 걸까?

어느 봄날, 저녁 무렵 소형 비행기를 타고 마니토바의 광활한 농지 위를 날아가다가 계단식 논밭이 만들어놓은 무늬를 보고 나는 감탄을 금치 못했다. 명암을 달리하는 토양과 녹지로 이루어진 줄무늬가 동그라미와 긴 띠, 굴곡을 그리며 사방으로 수 킬로미터씩 펼쳐져 있었다. 그런데 그중에서도 가장 멋진 디자인을 이루고 있는 것은 그곳에 있는 방해물들이었다. 나무 한 그루, 연못 하나, 둔덕, 바위, 강들이었다. 농부는 이것들을 피해 가기 위해 굴곡을 만들어야 했으리라.

"주님, 방해물이 있을 때 제가 계획했던 시간이 제 손에서 새어나가 허비되어버린 느낌이 듭니다. 그럴 때에도 그 시간이 당신의 손을 벗어나지 않았음을 기억하게 하소서. 당신의 손안에서는, 이런 예상치 못했던 일들조차도 뜻밖의 아름다움을 만들어낼 테니까요."

지상에서 우리가 하는 일은 모두 하나님을 영화롭게 하는 일이다. 이는 예수님의 과업이기도 했다. 예수님은 어떻게 하나님을 영화롭게 하셨는가? 십자가에 달리시기 직전에 그분은 아버지께 이렇게 말씀하셨다. "아버지께서 내게 하라고 주신 일을 내가 이루어 아버지를 이 세상에서 영화롭게 하였사오니"(요 17:4).

사람들은 예수님의 시간을 끝없이 요구했다. 사람들이 그들의 필요를 채워달라고 예수님을 닦달하는 통에 그분과 제자들은 한가하게 식사할 시간도 없었고, 그분은 홀로 기도하는 시간을 갖기 위해 산으로 가시곤 했다. 때론 필요할 때 그분이 계시지 않아 제자들이 그분을 책망하기도 했다. 병을 치유받고 싶지만 군중들에게 밀려서 그분께 다가갈 수 없는 이들, 나사렛 예수가 지나갔다는 것을 뒤늦게 알게 된 이들, 그분께 데려다주거나 와달라고 부탁해줄 사람들이 없는 이들도 있었을 것이다. 그분은 얼마나 많은 '만약 ~이기만 하면'과 '~할 수 있었는데'를 뒤로 하고 떠나야 하셨을까? 쉴 틈 없이 바빴던 3년간의 공생애 동안 예수님도 하고 싶은 일이 있으셨겠지만, 그분은 시간과 공간의 제약을 받는 인간의 조건을 가진 사람이셨다. 그렇기에 휴식을 취하셨고, 산으로 물러나 홀로 기도하셨으며, 때로는 군중들에게서 벗어나 제자들을 데리고 한적한 곳으로 가셨다. 그럼에도 그분은 이렇게 놀라운 주장을 하실 수 있었다. '아버지께서 내게 하라고 주신 일을 내가 이루었나이다.' 이 말은 그분이 할 수 있다고 생각하는 모든 일, 또는 다른 사람들이 부탁한 모든 일을 다 이루었다는 뜻이 아니다. 예수님은 당신이 원하는 일을 했다고 말씀하시지 않았다. 그분의 말씀은 자신에게 주어진 일을 다 이루었다는 것이었다.

이것은 우리에게 매우 중요한 점을 시사해준다. 하나님의 일은 정해져 있다. 아들에게 하라고 주어진 일은 아버지의 뜻이었다. 우리에게 하라고 주어진 일 또한 하나님 아버지의 뜻이다.

우리에게 하나님의 뜻을 이루기 위한 시간은 언제나 충분하다. 그렇기에 우리는 "시간이 없어요"라고 말할 수 없다. 우리가 안절부절못하고 절망하고 괴롭고 귀찮아 하고 혼란스럽다면, 그것은 하나님의 시간표가 아닌 우리의 시간표대로 움직이고 있다는 징표다.

나는 한 친구에게 내가 해야 할 일의 목록을 적어 보내면서 기도를 부탁했다. 그 목록은 너무 길어서 내가 다 해낼 수 있을 것 같지 않았다.

그녀의 답장에는 이렇게 쓰여 있었다. "나는 요즘 너를 위해 기도할 때에 '주님의 목록이 이루어지이다' 라고 기도한단다". 이것은 제자가 할 수 있는 좋은 기도다. 해야 할 일의 목록을 만드는 것에 나는 대찬성이다(그리고 그 일을 모두 끝내고, 목록을 하나하나 점검할 때 나는 희열을 느낀다). 그러나 그 목록은 날마다 주님 앞에서 재검토되어야 한다. 주님께 그분의 목록에 들어 있지 않은 것은 삭제해달라고 요청해야 한다. 그러면 잠자리에 들기 전에 이렇게 말할 수 있으리라. "당신이 저에게 하라고 하신 일을 모두 마쳤습니다."

"내 짐은 가벼움이라"(마 11:30). 예수님은 말씀하셨다. 우리를 압박하는 것은 하나님이 우리에게 지어주신 짐이 아니다. 거절하는 법을 배우라. 바쁘게 사는 많은 그리스도인들은 조용히 있거나, 책을 읽거나, 가족들과 함께할 '자유 시간'을 일정에 포함시켜야 한다는 사실을 깨닫는다. 그렇지 않으면 시간은 다른 사람들의 요구로만 가득 채워지기 십상이다. 조용히 지내거나 가족들을 위한 시간을 따로 정해놓았다면, 그 시간에 다른 일이 끼어들게 해서는 안 된다. "죄송합니다. 그날 밤은 선약이 있네요"라고 말한다고 해서 절대 거짓된 것이 아니다. 그 시간이 조용히 지내거나 가족들과 함께하기 위해 정해놓은 시간이라면 선약이 되어 있는 것이니까.

이즈음 하나님의 장중에 있는 '나의 시간들'은 상당히 많은 여행을 포함하게 되었다. 라르스와 나는 일정표를 놓고 여행과 집에 있는 시간을 잘 조정할 수 있는 지혜를 달라고 기도한다. 18개월이나 그보다 더 후에 있을 집회 초대에 응답하는 것은 쉬운 일이 아니다. 우리는 시종을 아시는 주님께 의뢰하고 어떤 응답을 보내야 할지 그분이 인도해주시기만을 구한다. 매년, 여행과 내가 해야 할 다른 일들 사이에 간격을 두어서 분별력을 키우려고 노력하는데, 갈수록 분별하기가 더 힘들어지는 것 같다. 우리가 여행에서 돌아오면 늦은 밤일 때가 종종 있다. 나는 짐가방을 정리하고 전화를 걸거나 우편함을 확인하고 싶은 유혹을 물리치며 잠자리에 든다. 다음날 아침 일상 생활이 시작된다. 우편함을 확인하고, 이란 선교사들에게 보내는 물품 상자에 우표를 붙이고, 우편물을 읽고, 즉시 회답할 것(사무 편지, 초대, 청구서 등)과 나중에 회답할 것(사적인 편지들)을 정리한다. 책상을 정리하고, 빨래를 하며, 집청소를 하고, 장을 보며, 답장을 쓰고, 빵을 구우며, 머리를 감고, 어머니를 방문하며, 전화를 건다. 그리고 다시 짐가방을 싸기 전까지 글을 쓰고, 생각하며, 책을 읽고, 기도하려고 노력한다.

좌절은 하나님의 뜻이 아니다. 그 점에 대해서라면 우리는 확신을 가질 수 있다. 우리에게는 하나님이 원하시는 일이라면 어떤 일이라도 모두 할 수 있는 시간이 있다. 순종은 그분이 짜주신 틀에 잘 맞는다. 그 틀에 들어맞지 않는 분명한 한 가지는 걱정이다. 이 점에 대해서 여섯 가지 이유를 들어보면 다음과 같다.

1. 걱정은 아무 유익이 없다. 당신이 걱정한다고 해서 키를 1센티미터라

도 늘이거나 줄일 수 있는가? 그럴 수 없다면 걱정으로 이룰 수 있는 것이 무엇인가?

2. 걱정은 무익한 것보다 더 나쁘다. 걱정은 불순종이다. 다음의 명령을 주의 깊게 보라. 초조해하지 말라. 두려워 말라. 마음에 근심하지 말라. 놀라지 말라. 힘을 내라.

3. 걱정은 아직 주어지지 않은 것 - 예를 들면 내일 - 을 빼앗아간다. 우리는 내일을 걱정할 필요가 없다. 내일 일을 계획할 수는 있지만 걱정해서는 안 된다. 오늘 걱정은 오늘로서 족하다. 예수님이 하신 이 말씀의 의미는 말 그대로 걱정하지 말라는 것이다.

4. 걱정은 주어진 것을 거부하는 것이다. 내일이 아닌 오늘 일에 집중하는 것이 우리에게 주어진 책임이며, 하나님의 지혜 안에서 우리에게 할당된 몫이다. 우리는 종종 지금 신경쓸 필요가 없는 일에 마음을 빼앗겨, 바로 지금 해야 할 일을 하지 않는다. 우리는 미래에 대한 걱정이 마음의 반을 차지하고 있어서 우리 도움이 필요한 사람, 친구, 남편, 어린아이들에게 충분히 관심을 주지 못할 때가 얼마나 많은가.

5. 걱정은 신뢰의 정반대다. 이 두 가지를 다 할 수는 없다. 이 둘은 상호 배타적이다.

6. 걱정은 그릇된 시간 낭비다. 열정의 낭비기도 하다.

시간과 열정을 걱정에 쏟는다면 마음속으로 은총을 노래하거나,

감사의 기도를 드리거나, 아이들이 학교에서 지낸 이야기를 듣거나, 외로운 사람을 저녁 식사에 초대하거나, 아내나 남편과 앉아서 한가롭게 이야기를 나누거나, 필요한 사람에게 편지를 써 보내는 시간이 부족하게 될 것이다.

사람들은 여가 시간이 충분하기를 바란다. 문제는 여가 시간이 너무 적은 데 있는 것이 아니라, 그 대부분의 시간을 제대로 사용하지 않는 데 있다. 일요 신문, 잡지, 텔레비전 프로그램… 대부분은 그릇된 시간 낭비다.

예수님은 우리를 부르신다. "수고하고 무거운 짐 진 자들아 다 내게로 오라 내가 너희를 쉬게 하리라 나는 마음이 온유하고 겸손하니 나의 멍에를 메고 내게 배우라 그리하면 너희 마음이 쉼을 얻으리니"(마 11:28-29).

우리는 어떻게 그분께 갈 수 있을까? 우선 구원을 얻기 위해 믿음으로 나아가야 한다. 어떤 발걸음도 이보다 앞서서는 안 된다. 주님을 신뢰하는 자는 날마다 그분께 온유하고 겸손한 마음을 배우기 위해 계속 나아가야 한다. 시간 관리는 현대에 고도로 발달된 과학인데, 그리스도인들의 시간 관리는 하나님을 위한 시간을 따로 떼어놓는 것에서 시작된다. 이것이 빠지면 다른 일들이 제대로 이루어질 수 없다.

다니엘의 생애는 시간 훈련에 대한 좋은 예다. 그는 규칙적으로 시간을 정해놓고 기도했다. 다리우스 왕은 30일 동안 자기 외에 다른 사람이나 신에게 기원을 드리는 사람은 사자굴에 집어넣겠다는 법령을 발표했다.

다니엘이 얼마나 난처했을지 상상할 수 있다. 기도 시간을 변경해야 할까? 횟수를 줄여야 할까? 아예 기도를 하지 말아야 할까? 눈에 덜 띄는 장소를 택해서 해야 할까? 기도하는 자세를 취하지 말아야 할까?

그의 적들은 그를 잡을 기회를 노리고 있었고, 그 기회를 잡는 것은 너무나 쉬운 일이었다.

"다니엘이 이 조서에 왕의 도장이 찍힌 것을 알고도 자기 집에 돌아가서는 윗방에 올라가 예루살렘으로 향한 창문을 열고 전에 하던 대로 하루 세 번씩 무릎을 꿇고 기도하며 그의 하나님께 감사하였더라"(단 6:10).

그는 쉬운 표적이었고 그에게 목숨을 보존하는 것은 하나님을 섬기는 것만큼 중요하지 않았다. 하나님을 섬기는 데 기도는 필요불가결한 일이었기에 그는 체포당하기로 마음먹었다.

하루 중 가장 중요한 시간, 즉 홀로 주님을 만나는 시간에 대해 몇 가지 적어보았다.

1. 일정한 시간을 정하라. 적어도 일주일에 5일은 홀로 조용히 있는 시간을 가지라. 한 번도 그렇게 해보지 않았다면 10분으로 시작하라. 그

시간이 얼마나 빨리 흘러가는지 놀랄 것이다. 머지않아 더 많은 시간을 계획하게 될 것이다.

2. 특별한 장소를 정하라. 혼자 있을 수 있는 곳이라면 벽장 속이든 욕실이든 차고에 있는 차 안이든 상관없다.

3. 기도 속에 찬양, 감사, 죄의 고백, 간구(하나님이 당신에게 말씀하시기를 요청하는 것까지 포함해서)를 포함시키라. 기도가 필요한 사람들의 목록을 적어놓는 것이 매우 유용하다. 나는 사람들이 특별 기도를 부탁할 때 잊지 않으려고 이름을 적어놓는다.

4. 깨달은 교훈, 특별한 상황에 적용했던 성경 구절, 기도 응답 등을 기록하는 영적 일기를 쓰라. 믿음이 성장하는 데 큰 도움이 된다.

5. 순서에 맞춰 성경을 읽으라. 하루에 세 장, 주일에 일곱 장을 읽으면 1년에 성경 전체를 읽게 된다. 어떤 이들은 매일 구약을 두 장 읽고, 신약을 한 장 읽기도 한다. 빌리 그래함(Billy Graham) 목사는 매일 읽고 있는 성경과 더불어 시편과 잠언을 한 장씩 읽었다.

대부분의 사람들에게 제일 좋은 시간은 이른 아침이다. 우리가 아침에 잘 일어나기 때문이 아니라, 하루 중 비교적 방해받지 않을 수 있는 유일한 시간이고 다른 사람들과 교감하기 전에, 먼저 하나님과 교감하는 것이 좋기 때문이다. 당신이 사람들을 대하는 태도는 당신이 그분과 함께하는 삶 속에서 형성된다. 하나님께 하루의 첫 시간을 드리는 것은, 우리의 모든 시간을 바친다는 상징이다.

10장
소유의 훈련

로잘린드 고포드 Rosalind Goforth 는 남편과 중국에서 선교사로 살면서 경험했던 일 중에서, 그들이 가진 모든 것을 강도에게 빼앗겼던 이야기를 들려주었다. 그녀는 울었다.

"그렇지만 여보, 그것들은 그냥 물질일 뿐이야!" 남편 조나단 Jonathan 이 핀잔을 주었다.

"이와 같이 너희 중의 누구든지 자기의 모든 소유를 버리지 아니하면 능히 내 제자가 되지 못하리라"(눅 14:33). 예수님은 물질에 대해 이렇게 말씀하셨다.

이것은 엄격한 조건이다. 우리들 중에서 이 말씀을 글자 그대로 실천할 수 있는 사람은 거의 없을 것이다.

나는 물질적인 것들을 좋아한다. 대다수의 미국인들에게는 원시적으로 보이겠지만 우리는 히테에 많은 편리한 것들을 소유하고 있다. 작은 부엌에는 수도꼭지만 없을 뿐 스테인레스 재질의 개수대가 있다. 개수대에는 배수구에 연결된 플라스틱 통이 있어서, 라르스는 그것을 며칠에 한 번씩 비웠다. 우리는 부탄 가스를 연료로 사용하는 난로를 이용해 요리도 하고 커다란 오렌지색 찻주전자에 물을 끓이기도 한다. 우리가 사용하는 온수는 모두 여기서 끓여져서 설거지나 목욕하는 데 사용되고, 지붕 위에 있는 커다란 탱크에 물이 모아지면 들통에 담아서 집으로 날랐다. 옥외 화장실은 일품이었다. 창문에는 레이스 커튼이 드리워져 있고 벽에는 그림이 걸려 있다.

나는 이제 다시 집에 돌아왔고, 타일이 깔린 욕실과 수도꼭지가 달린 부엌 개수대를 그 어느 때보다도 감사하게 생각한다. 뜨거운 물은 특별한 사치다. 나는 종종 뜨거운 물로 인해 하나님께 감사를 드린다.

우리들은 대부분 우리가 너무나 당연하게 생각하고 있는 것들을 얼마간 잃거나 빼앗겨야 그것이 축복이었음을 깨닫는 게 보통이다. 물질을 잃는 것을 사랑하는 사람들을 잃는 것에 비교할 수는 없지만 대다수의 사람들은 이 두 가지를 모두 경험해보았다. 그리고 지금 우리가 생각해보려고 하는 것은 물질에 대한 것이다.

나는 선교사로 일한 첫해를 마칠 무렵, 1년 동안 작업했던 번역 원고를 잃어버렸다.

남편 짐이 세상을 떠나고 몇 년 후의 일이다. 나는 뉴욕 시에 있는 링컨 센터에 공연을 보러 갔다. 나중에 산양 가죽 장갑을 벗었을 때, 남편이 나에게 주었던 다이아몬드 약혼 반지가 없어진 것을 알게 되었다. 나는 황급히 그곳으로 돌아가 경찰관과 손전등을 비추며 좌석들 사이를 샅샅이 뒤졌지만 청소부 아주머니들이 이미 진공 청소기로 청소를 하고 난 후였다.

코스타리카에서는 여권을 찾으려고 지갑을 잠깐 카운터에 놓고 가방을 뒤지다가 지갑을 잃어버렸다. 카운터 뒤에 있던 민첩한 여행사 직원(우리 주변에 그 외에 다른 사람은 아무도 없었다)은 지갑에 대해 아무것도 몰랐고, 누구보다도 열성적으로 지갑을 찾는 걸 도와주었다.

나는 19년간 주석을 달았던 신약 성경을 잃어버렸다.

우리 집에는 두 번 도둑이 들었다. 첫 번째 도둑들은 텔레비전, 라디오, 녹음기같이 다시 살 수 있는 것뿐만 아니라 가보로 내려오는 은식기까지 가져갔다. 두 번째 도둑이 들었을 때, 나는 진작 이런 경고문을 붙였다면 어땠을까 생각했다. '이곳에는 당신이 찾는 물건이 없으니 이 집에 굳이 침입할 필요가 없습니다.' 내 친구 헤리엇 페이슨Harriet Payson은 더 좋은 묘안을 가지고 있었다. 그녀는 은제 서랍장

에 조그마한 메모를 붙여놓았다. '하나님은 당신을 사랑하십니다.'

우리들 중 사도 바울이 경험했던 극단적인 상황을 모두 아는 사람은 매우 적다. "나는 비천에 처할 줄도 알고 풍부에 처할 줄도 알아 모든 일 곧 배부름과 배고픔과 풍부와 궁핍에도 처할 줄 아는 일체의 비결을 배웠노라"(빌 4:12). 정도의 차이는 있겠지만 이런 경험을 통해 주님은 우리에게 지극히 중요한 소유의 훈련을 할 수 있는 기회를 주셨다.

첫 번째 교훈은, 물질은 하나님이 주셨다는 것이다.

"내 사랑하는 형제들아 속지 말라 온갖 좋은 은사와 온전한 선물이 다 위로부터 빛들의 아버지께로부터 내려오나니 그는 변함도 없으시고 회전하는 그림자도 없으시니라"(약 1:16-17).

나는 종종 동이 트기 직전 짙푸른 하늘에서 빛나고 있는 새벽별을 본다. 황혼 녘의 바다는 때때로 연분홍 장미와 수선화의 색을 닮은 노을빛을 반사한다. 밤중에 깨어나 바다에, 창문가의 내 책상 유리에, 화장대 거울에 반사된 달빛이 방 안을 가득 채우고 있는 것을 발견한다. 약 천 미터 상공을 날아가며 적란운(소나기구름)이 만들어 낸 탑과 성곽들을 비추는 휘황찬란한 빛을 본 적이 있다. 창공의 이 빛들은 얼마나 멋진 선물인가! 이것을 주신 아버지는 아름답고 더없이 좋은 모든 것들도 우리에게 주시리라.

베푸는 것은 하나님의 성품이다. 그분은 우리를 사랑하지 '않을 수' 없는 것과 마찬가지로 주지 않고는 '못 배기신다'. 우리는 그분이 우리에게 이 세상의 모든 좋은 것을 주실 것을 절대적으로 믿을 수 있다. 즉, 그분이 원하시는 일을 하고 원하시는 사람이 되는 데 도움이 될 수 있는 모든 것 말이다. 어떻게 그분이 그러시지 않을 수 있겠는가?

"자기 아들을 아끼지 아니하시고 우리 모든 사람을 위하여 내주신 이가 어찌 그 아들과 함께 모든 것을 우리에게 주시지 아니하겠느냐"(롬 8:32).

두 번째 교훈은, 우리에게 주어진 물질을 감사하게 받아야 한다는 것이다.

하나님은 베푸신다. 우리는 받는다. 그리고 다른 피조물들도 우리보다 더 직접적이고 단순하게 받는다.

> "여호와여 주께서 하신 일이 어찌 그리 많은지요 주께서 지혜로 그들을 다 지으셨으니 주께서 지으신 것들이 땅에 가득하니이다 거기에는 크고 넓은 바다가 있고 그 속에는 생물 곧 크고 작은 동물들이 무수하니이다… 이것들은 다 주께서 때를 따라 먹을 것을 주시기를 바라나이다 주께서 주신즉 그들이 받으며 주께서 손을 펴신즉 그들이 좋은 것으로 만족하다가"(시 104:24-28).

하나님은 우리가 손수 물질을 만들 수 있게(물론 하나님이 만드신 것을 가지고) 하시거나, 그것들을 살 수 있는 돈을 벌게 하시거나, 다른 사람들이 주는 것을 받게 하시는 등 간접적인 방법으로 물질을 주시기 때문에, 우리는 하나님이 그것들을 주셨다는 사실을 잊기 쉽다.

"네게 있는 것 중에 받지 아니한 것이 무엇이냐 네가 받았은즉 어찌하여 받지 아니한 것 같이 자랑하느냐"(고전 4:7).

우리의 두뇌, 능력, 성취할 수 있는 기회뿐 아니라, 우리가 숨 쉬는 공기와 그 공기를 허파로 들이마시는 능력까지도 선물이라는 것을 기억한다면 자랑하는 것은 어리석은 일이다.

우리는 감사해야 한다. 감사는 주신 이를 알아야 할 수 있다. 감사에는 주어진 것에 만족하며, 주어지지 않은 것을 불평하지 않는다는 의미가 함축되어 있다. 감사는 탐욕을 물리친다. 하나님의 선하심과 사랑이 선물을 택하며, 우리는 그 물질만이 아니라 그것 뒤에 숨겨진, 우리를 향한 사랑으로 인해 감사해야 한다. 탐욕은 하나님의 선하심과 사랑과 정의까지도 의심하는 것이다. "그분은 다른 사람에게 주신 것을 나에게는 주시지 않아. 그분은 내 필요를 보시지 않아. 내가 그를 사랑하는 것만큼 나를 사랑하시지 않아. 그분은 공평하시지 않아…."

믿음은 두 손을 펼치고 위를 바라보는 것이다. "저에게 이것을 주셨습니까, 주님? 감사합니다. 이것은 좋고 만족스러우며 완전합니다."

세 번째 교훈은, 물질은 희생 제물이 될 수 있다는 것이다. 이것이 이른바 성찬 생활이다. 하나님 아버지는 우리에게 복을 쏟아부으신다. 그분의 피조물인 우리는 두 손을 펼쳐 복을 받고 감사드리며, 그것을 다시 그분께 제물로 올려드림으로써 순환이 완성된다.

솔로몬이 성전을 완성해갈 무렵, 다윗 왕은 누가 주님께 제물을 기꺼이 바치겠는지 물었다. 백성들은 이에 응답하여 금, 은, 동, 철, 보석을 바쳤다. 그러자 다윗은 찬양과 감사를 쏟아내었다.

"여호와여 위대하심과 권능과 영광과 승리와 위엄이 다 주께 속하였사오니 천지에 있는 것이 다 주의 것이로소이다 여호와여 주권도 주께 속하였사오니 주는 높으사 만물의 머리이심이니이다… 나와 내 백성이 무엇이기에 이처럼 즐거운 마음으로 드릴 힘이 있었나이까 모든 것이 주께로 말미암았사오니 우리가 주의 손에서 받은 것으로 주께 드렸을 뿐이니이다"(대상 29:11-14).

백성들도 주님과 왕 앞에 엎드려 함께 찬양하였고, 다음날 황소, 숫양, 새끼양, 전제물$^{Drink\ Offering}$를 희생 제물로 드리고, 크게 기뻐하며 기념했다.

"각각 그 마음에 정한 대로 할 것이요 인색함으로나 억지로 하지 말지니 하나님은 즐겨 내는 자를 사랑하시느니라 하나님이 능히 모든 은혜를 너희에게 넘치게 하시나니 이는 너희로 모든 일에 항상 모든 것이 넉넉하여 모든 착한 일을 넘치게 하게 하려 하심이라"(고후 9:7-8).

차이나 인랜드 미션China Inland Mission의 설립자인 허드슨 테일러Hudson Taylor는 1년에 한 번씩 자기가 가진 모든 것을 정리하여, 1년 동안 사용하지 않은 물건들은 다 나누어주었다고 한다. 그는 자기의 소유에 대해 책임을 져야 하며 1년 동안 한 번도 사용하지 않았다면, 다른 사람이 사용할 수 있는 것을 계속 가지고 있을 이유가 없다고 생각했다.

어떤 이들은 물건을 버리지 못한다. 검약과 물건을 버리지 못하는 것은 별개의 문제이다. 마요네즈가 들어 있지 않은 평범한 마요네즈 병 값만 50센트인 나라에서 살다보니 나는 버리는 것에 극도로 예민하다. 손쉽게 사용할 수 있는 플라스틱 봉지와 그것을 묶는 가는 철사줄을 최대한 절약하는 것은 좋은 일이라고 생각한다. 내가 파라핀 종이와 페이퍼 타월을 아끼는 것은 거의 강박에 가깝다. 나는 양상추 잎의 물기를 닦아낸 페이퍼 타월을 말려서 쓰는 것으로 유명하다. 이런 것들이 아예 없는 곳에서 11년을 살았던 나에게 아직도 이런 물건들은 사치품이다.

그런데 내가 아는 한 여인은 금이 가고 이가 나간 접시, 냉동 음식에서 나온 호일 접시, 코티지 치즈와 아이스크림이 담겨 있던 플라스틱 통, 일회용 포크와 숟가락 등으로 가득 찬 찬장 – 천 년을 써도 다 못 쓸 양이다 – 을 가지고 있다. 우리의 삶 속에는 유용한 것들이 들어올 자리를 마련하기 위해서 깨끗하게 치워져야 할 어질러진 부분이 있다. 우리는 왜 필요하지도 않은 것들에 집착하는가? 우리의 안전이 물질의 축적에 있는가? 옷장을 열고 59켤레의 구두와 42벌의 블라우스와 셔츠를 보면 만족감이 생기는가? 여섯 가지 종류의 식기 세트를 제대로 사용할 수 있는 사람이 있을까? (나는 내가 진행하는 성경 공부에 참석하는 한 자매에게 큰 빚을 지고 있다. 그녀는 다른 자매들이 나에게 도자기 그릇 세트를 사줄 계획을 세우고 있다는 것을 알고, 결혼 선물로 받아 사용하지 않은 레녹스 차이나$^{Lenox\ China}$ 세트를 나에게 주었다.)

> "네가 이 세대에서 부한 자들을 명하여 마음을 높이지 말고 정함이 없는 재물에 소망을 두지 말고 오직 우리에게 모든 것을 후히 주사 누리게 하시는 하나님께 두며 선을 행하고 선한 사업을 많이 하고 나누어 주기를 좋아하며 너그러운 자가 되게 하라 이것이 장래에 자기를 위하여 좋은 터를 쌓아 참된 생명을 취하는 것이니라"(딤전 6:17-19).

이 교훈은 자연스레 네 번째 교훈과 연결된다. 물질은 잠시 즐기라고 우리에게 주어진 것이다.

진정으로 영적인 사람들은 이 세상과, 이 세상의 아름다움에 전혀 관심이 없다는 무지막지한 생각만큼 그리스도인들의 인생관을 훼손시키는 것은 없다. 성경은 이렇게 말하고 있다. "우리에게 모든 것을 후히 주사 누리게 하시는 하나님…"(17절). 또 이렇게도 말한다. "이 세상이나 세상에 있는 것들을 사랑하지 말라"(요일 2:15). 우리를 위해 창조된 것들을 우리가 즐겨야 한다는 것은 타당하고 맞는 말이다. 부당하고 부적절한 것은 그것들에 마음을 쏟는 것이다. 일시적인 것들은 일시적인 것으로 취급해야 한다. 받고 감사하고 다시 드릴 때까지 즐기라. 그런 것들을 영원한 것인 양 취급해서는 안된다.

예수님은 말씀하셨다. "삼가 모든 탐심을 물리치라 사람의 생명이 그 소유의 넉넉한 데 있지 아니하니라"(눅 12:15). 예수님은 이어서 추수한 곡식이 너무 많아 더 큰 곳간을 지으려고 곳간을 허물어야 했던 사람의 이야기를 하셨다. 그런 후에 그는 뒤로 기대 앉으면서 자신 있게 말했다 "평안히 쉬고 먹고 마시고 즐거워하자 하나님은 이르시되 어리석은 자여 오늘 밤에 네 영혼을 도로 찾으리니 그러면 네 준비한 것이 누구의 것이 되겠느냐 하셨으니 자기를 위하여 재물을 쌓아 두고 하나님께 대하여 부요하지 못한 자가 이와 같으니라"(19-21절).

"너희를 위하여 보물을 땅에 쌓아 두지 말라 거기는 좀과 동록이

해하며 도둑이 구멍을 뚫고 도둑질하느니라 오직 너희를 위하여 보물을 하늘에 쌓아 두라 거기는 좀이나 동록이 해하지 못하며 도둑이 구멍을 뚫지도 못하고 도둑질도 못하느니라 네 보물 있는 그 곳에는 네 마음도 있느니라"(마 6:19-21절).

고백하건대 은식기가 사라졌을 때 나는 일종의 해방감을 느꼈다. 나는 집을 비울 때마다 불안감을 느꼈다. 우리 동네에서 도난 사건이 연달아 발생했었고, 나는 우리가 리스트에 올라있으리라는 걸 알고 있었다. 경찰은 누가 그런 짓을 하고 있는지 거의 확신하고 있었지만, 어떤 조치를 취하기에는 무력한 듯했다. 실제로 그 일이 우리에게 일어나자 나는 충격을 받긴 했지만 금방 이렇게 말할 수 있었다. '이만하기를 다행입니다. 감사합니다, 주님.' 나는 마음이 더 가벼워지는 걸 느낄 수 있었다. 내 생각에는 아무도 별로 원할 것같지 않은 은식기 세트 때문에 보험료를 지불하고 있었기 때문이었다.

아시시의 성 프란시스는 젊었을 때, 자기는 가난 부인^{Lady Poverty}과 결혼했다고 생각하고 옷을 모두 벗어 땅에 던져버렸다.

"지금부터", 그는 주교 공관 앞에 모인 군중들을 향해 말했다 "피터 버나돈을 나의 아버지라 부르지 않고, 하늘에 계신 아버지만을 나의 아버지라 부를 것이며 벌거벗은 몸으로 주님 앞에 나아가겠습니다!"

주교의 정원사가 그에게 누더기 코트를 건네주었고, 그는 그 코트에 분필로 십자가를 그려넣었다. 그런 다음 그는 목청껏 주님을 찬양하며 숲속으로 걸어 들어갔다.

모든 그리스도인들이 벌거벗고 찬양을 하며 숲속으로 들어가야 하는 것은 아니지만, 그리스도인이라면 누구나 성 프란시스가 노래할 수 있도록 해주었던, 불안으로부터 완전히 해방된 자세를 가져야 한다.

하나님의 선한 선물을 기쁘게 받지 못하는 마음은 그것을 쉽게 포기하지도 못하게 한다.

재산이 많은 한 남자가 예수님께 와서 영생을 얻으려면 무엇을 해야 하는지 물었다. 예수님은 계명을 지켜야 한다고 말씀하셨다. 계명을 모두 지켰다고 그 남자는 말했다. 그것 외에 무엇이 더 필요했을까?

"예수께서 이르시되 네가 온전하고자 할진대 가서 네 소유를 팔아… 그리고 와서 나를 따르라"(마 9:21).

근심하며 떠나간 그 남자의 행위가 재산에 대한 그의 태도를 나타낸다. 소유에 집착하는 한 그는 자유를 알 수 없었다. 그는 부富라는 짐을 지고 예수님께 왔고, 예수님은 그에게 안식을 주려고 하셨지만, 그는 심히 고민하며 떠나갔다.

내 하잘것없는 소유물 중에서 문명의 큰 선물이라 여겨지는 것이 하나 있다. 그것은 전기 담요다. 이곳 뉴잉글랜드 지역은 에너지를 절약하기 위해서 집 안 온도를 이글루^Igloo 보다 약간 더 싸늘하게 유지하기 때문에 미리 따뜻하게 덥혀놓은 침대 속으로 들어가는 것은 정말 기분 좋은 일이다. 나는 햇빛과 바람에 말린 정갈한 시트, 시리얼 위에 얹은 크림, 슈퍼마켓과 그곳에 타고갈 차, 전화, 전기, 배수구로 인해서도 감사한다. 나는 이 모든 것들이 선물임을, 분에 넘치는 선물임을, 이것들이 사라지는 데 걸리는 시간은 이 목록을 다 나열하는 시간보다도 짧지만, 우리에게 즐기라고 주어졌음을 잘 알고 있다.

"그렇지만 물질적인 것은 영적인 것의 적이 아닌가요?" 당신은 묻는다.

답은 "그렇지 않다". 이런 사상은 고대의 이교에서 유래된 것인데, 어느 시대에나 눈에 보이는 것과, 보이지 않는 것 사이의 이분법이 존재한다. 보이지 않는 것에서 보이는 것이 생긴다.

"믿음으로 모든 세계가 하나님의 말씀으로 지어진 줄을 우리가 아나니 보이는 것은 나타난 것으로 말미암아 된 것이 아니니라"(히 11:3).

이원론은 물질을 피하고 억누르고 무시하는 것이 선한 것이라고 믿는다. 육신은 그 자체가 영혼이 갇혀 있는 감옥이라고 말한다. 기독교는 이원론이 아니다. 육신은 악한 것이 아니다. 천국에서 이 세상으로 내려오신 예수 그리스도는 성령으로 잉태되어 사람이 되셨고, 그럼으로써 끊임없이 가시적인 것을 성화시키고 계신다. 하나님은 하나님이 창조하신 것을 혐오하는 사람들을 찾으시는 것이 아니라, 그분에게서 생겨나 그분에게로 돌아갈 것을, 그분이 사랑하시듯 사랑할 줄 아는 사람을 찾고 계신다.

"하나님이 내 소유를 가져가실까요?" 당신은 묻는다.

만약 그것만이 당신의 관심을 받을 수 있는 유일한 길이라면 정말 그러실 수도 있다. 상실로 인해 보이는 것과 보이지 않는 것의 상대적 가치를 보는 당신의 시각이 변할 수 있다면, 그분은 진정 그렇게 하실 수도 있다. 사도 바울은 그리스도를 위해서 모든 것을 버렸노라고 선포했다. "내가 그를 위하여 모든 것을 잃어버리고 배설물로 여김은 그리스도를 얻고 그 안에서 발견되려 함이니"(빌 3:8-9).

내가 가장 두려워하는 내 인생의 가장 큰 상실은 실제로는 "내 주 그리스도 예수를 아는 지식"(8절)에 비하면 너무나 작은 것이다. 내가 그렇다는 걸 모든 사람에게 증명해 보일 수는 없다. 나는 논리적으로 혹은 과학적으로 그것을 논증할 수 없다. 내가 아는 것은 그것이 진리이며, 그리스도를 온전히 알고 싶어하면서도 - 그분의 부활의 능력과 그분의 고난에 동참하는 것 - 잃을 것을 두려워하는 이들에게 내 마음을 다해 그것이 가장 두렵다고 말할 수 있는 것뿐이다. 두려워 말라. 두려워 말라. 두려워 말라. 얻는 것이 모든 것을 능가하고도 남을 터이니.

"우리가 잠시 받는 환난의 경한 것이 지극히 크고 영원한 영광의 중한 것을 우리에게 이루게 함이니 우리가 주목하는 것은 보이는 것이 아니요 보이지 않는 것이니 보이는 것은 잠깐이요 보이지 않는 것은 영원함이라"(고후 4:17-18).

그래도 두려움은 여전히 남는다.

"하나님께서 내 재산을 실제로 가져가시지 않는다고 해도 나에게 그것을 포기하라고 요구하시지 않나요?"

조지 맥도날드 George MacDonald 는 '거짓 위안'에 대해 이렇게 말했다.

> 그대는 현재 그대의 모습, 영생을 추구해본 적도 없고 하나님의 의에 굶주리거나 목말라했던 적도 없는 그대의 모습에 아무런 아쉬움 없이 지극히 만족하는가? 그렇다면 안심하라. 주님은 그대에게 그대가 가진 것을 팔아 가난한 자들에게 주라고 요구하지 않으시리니. 그대는 그분을 따르라! 그분과 함께 가서 좋은 소식을 전하라! 의에 굶주리지 않은 그대여! 그대는 주님이 동행하기 원하시는 친구가 아니다. 안심하라. 내가 말하노니, 그분은 그대를 원치 않으신다. 그분을 위해 지갑을 열라고 요구하지 않으실 것이다. 그대가 주건 주지 않건 개의치 않으신다… 가서 계명을 지키라… 계명은 아직 그대의 돈까지 바치라고 하지는 않으니. 그대는 계명을 지키는 것만으로 충분하다. 그대는 아직 천국의 자녀가

아니다. 그대는 그대의 아버지의 품을 원치 않는다. 그대가 소중하게 여기는 것은 그분의 지붕 밑 피난처뿐이다. 그대의 돈은 계명이 지시하는 대로 사용하면 되리니. 그대 마음속에는 가진 모든 것을 팔라는 요구가 그대에게 주어질지 궁금해하는 비루한 추측만 있을 뿐. 그 젊은이에게 모든 재산을 팔고 주님을 따르는 것은 하나님이 특별히 주시는 귀한 신분을 받아들이는 것이었다. 그대에게는 그것이 주어지지 않았다.

이제 안심이 되는가? 가련하도다, 그대여!… 그대의 안도감이 주님이 그대를 필요로하지 않는다는 것, 그대의 돈을 사용하시기 원치 않는다는 것, 따라서 그대에게 그분 자신을 주시지도 않을 것임을 아는 데서 나온 것이라니. 그대가 실로 은 30개에 주님을 팔지는 않을지라도, 그대의 모든 소유를 팔아 그분을 사지 않은 것을 그대는 기뻐하고 있도다.

"그렇지만", 당신은 말한다. "나는 영생을 원해요. 나는 진실로 의에 굶주리고 목마릅니다. 나는 아버지의 품을 그리워합니다. 그렇다면 오늘 정말 내 모든 소유를 버려야 하나요?"

내가 해줄 수 있는 말은 이것뿐이다. 하나님이 언젠가 당신에게 그렇게 하라고 요구하실 수도 있다. 그분이 그렇게 하신다면, 그분은 먼저 당신을 준비시키시고, 더 작은 일에 헌신하는 것을 보시며, 당신이 정말 그럴 의사가 있는지 검토하실 것이다.

당신은 십일조를 드리는가? 물질은 좋은 출발점이다. 우리에게 가장 예민한 부분이기 때문이다. 내가 아는 한 남침례교회는 매주 주일 아침마다 전 교인이 일어나 이렇게 말한다. "성경은 십일조에 대해 가르치고 있습니다. 나는 십일조를 믿습니다." 그런 다음 헌금을 걷는 데 매주 평균적으로 3만 불 정도가 걷힌다.

십일조는 10분의 1이다. 구약 시대에 이스라엘 백성들은 모든 소유 가축, 과실, 곡식, 돈의 10분의 1을 바쳤다. '은혜 아래' 사는 우리가 율법이 요구하는 것보다도 더 적게 드려야 할까? 우리가 드리는 헌금이 주님께 드리는 '첫 열매'가 되어야 한다.

"네 재물과 네 소산물의 처음 익은 열매로 여호와를 공경하라 그리하면 네 창고가 가득히 차고 네 포도즙 틀에 새 포도즙이 넘치리라"(잠 3:9-10).

"총수입의 10분의 1을 드려야 하나요, 아니면 세금을 제하고 난 액수의 10분의 1을 드려야 하나요?" 당신이 이 둘 중, 어떤 것도 하기 힘들다면 하나님은 아직 그분을 따르기 위해 모든 소유를 버리라고 당신을 부르시고 있지 않다고 볼 수 있다.

또 다른 가능한 시험: 당신의 재산이 훼손되거나 파괴되거나 도둑맞았을 때, 어떻게 반응하는가?

당신은 재물을 빼앗기는 것을 기꺼이 감수하는가? 변상을 요구하는가?

당신은 소유할 수 있는 '권리'를 침해당하면 분노하는가? 당신이 소유하고 있는 것들로 인해 근심하는가? 당신은 주먹을 움켜쥐고 있는가 아니면 손바닥을 활짝 펴고 있는가? 당신의 주인은 누구인가, 하나님인가 돈인가? 당신은 무엇을 쫓아가고 있는가?

옷, 음식, 돈: "이는 다 이방인들이 구하는 것이라 너희 하늘 아버지께서 이 모든 것이 너희에게 있어야 할 줄을 아시느니라 그런즉 너희는 먼저 그의 나라와 그의 의를 구하라 그리하면 이 모든 것을 너희에게 더하시리라 그러므로 내일 일을 위하여 염려하지 말라 내일 일은 내일이 염려할 것이요 한 날의 괴로움은 그 날로 족하니라"(마 6:32-34).

이렇게 해서 우리는 첫 번째 교훈으로 다시 돌아왔다. 물질은 하나님이 주신 것이다. 우리는 그분이 우리에게 주실 것임을 믿을 수 있다. 내가 키우는 강아지 맥도프는 나에게 많은 것을 가르쳐주었다. 그에게 삶은 얼마나 단순한 것인지! 그는 나를 신뢰했다. 그는 너덜너덜해진 검은 코트를 걸치고, 하나님 아버지가 1년 내내 때에 따라 공급해주시는 대로 하루하루를 살았다. 저녁 식사는 먹이통 – 통조림이든 남은 음식이든 – 에 있었다. 메뉴를 정하려고 골치를 썩일 일도 없었다. 그에게는 집과 넓은 정원과 그가 쫓아다니고 짖어대야 한다고 생각하는 몇 마리의 다람쥐와 토끼가 있었지만 지불해야 할 세금이나 주택 융자금도 없었다. 만사가 태평했다. 그가 자연스럽게 했던 것을 우리 인간들은 힘들게 배워야 한다.

C. S. 루이스는 재정적 어려움에 직면한 한 미국 여인에게 이런 편지를 썼다. "내일 일을 염려하지 않고 하루하루 살아간다는 것이야말로 우리가 진정 배워야 할 것이라고 생각되는군요. 만약 하나님이 내가 들판의 백합화처럼 살기 원하신다면, 어째서 나를 백합화처럼 무신경하고 상상력이 없는 존재로 만들지 않으셨는가 하고 내 속의 옛 아담이 이따금 투덜거리긴 하지만요."

그럼 네 가지 교훈을 정리해보자.

1. 물질은 하나님이 주신 것이다.
2. 물질은 감사함으로 받아야 한다.
3. 물질은 희생 재물이다.
4. 물질은 잠시 즐기라고 우리에게 주어진 것이다.

그리고 다섯 번째 교훈이 있다. 그리스도께 속한 것은 모두 우리 것이다. 그러므로 에이미 카마이클이 썼듯이, "우리 것이었던 모든 것은 영원히 우리 것이다." 우리는 종종 우리가 가진 것은 그리스도께 속한 것이라고 말한다. 그 반대를 기억하는가? 그분의 것이 우리의 것이라는 것을? 나에게 이것은 놀라운, 믿기 힘들 정도로 놀라운 진리로 생각된다. 정말 그렇다면, 우리가 무엇을 정말 '잃을' 수 있겠는가? 우리가 어떻게 그분이 우리의 소유를 소유할 '권리'를 가지셨다고 감히 말할 수 있겠는가?

"바울이나 아볼로나 게바나 세계나 생명이나 사망이나 지금 것이나 장래 것이나 다 너희의 것이요 너희는 그리스도의 것이요 그리스도는 하나님의 것이니라"(고전 3:22-23).

"아들아, 너는 언제나 나와 함께 있고 내가 가진 모든 것은 너의 것이다"라고 하나님 아버지께서 우리에게 말씀하신다. 그것이 진정한 부요함이다.

11장
일의 훈련

그리스도인의 일이라는 것은 없다. 다시 말해, 일 자체가 기독교적인 것은 세상에 없다. 하수구를 청소하는 일부터 설교하는 일에 이르기까지 하나님께 드려진 일이라면 어떤 일이건 그리스도인의 일이다.

이는 하나님을 섬기는 일에서 제외되는 사람은 아무도 없다는 뜻이다. 어떤 일도 그리스도인답지 않은 일은 없다는 뜻이다. 세상의 어떤 일도 따분하거나 쓸데없는 일이 아니라는 뜻이다. 그리스도인은 특정한 종류의 일을 하기 때문이 아니라, 그 일을 하는 방법에서 성취감을 얻는다. 그리스도를 위해서 한 일은 언제나 '그리스도인의 본업'이다.

광야에서 요한에게 세례를 받으러 온 사람들 중에는 세리와 군인들도 있었다. 그들이 회심에 대한 징표로 무엇을 해야할지 물었을 때, 요한은 그들에게 직업을 포기하고, 하고 있는 일을 그만두라고 말하지 않았다. 그는 세리에게 말했다. "부과된 것 외에는 거두지 말라"(눅 3:13). 군인에게는 "사람에게서 강탈하지 말며 거짓으로 고발하지 말고 받는 급료를 족한 줄로 알라"(14절)고 말했다. 그들이 이런 방식으로 일했다면 분명 근본적으로 새로운 방식이었을 것이다. 법이 요구하는 만큼만 세금을 받는 세리와, 강탈하지 않고 거짓 고발하지 않으며 더 높은 급료를 받기 위해 저항하지도 않는 군인이야말로 진정한 불순응주의자일 것이다.

우리 모두에게는 하나님이 우리를 위해 계획해놓으신 책임과 의무가 있다. 어느 시대를 막론하고 대다수 인간들에게 선택의 여지는 그리 많지 않았다. 우리는 선택의 여지가 무한히 많은 것처럼 보이거나, '하는 일'이라는 말이 특별히 그 사람의 돈 버는 능력을 의미할 때, 이 사실을 잊는 경향이 있다. 그러나 의무는 우리가 다른 이들을 위해서 해야 하는 모든 일, 예를 들면 침대 정리, 누군가를 교회에 태워주는 일, 잔디 깎기, 차고 정리, 집에 페인트칠을 하는 일 등을 포함하고 있다. 우리는 종종 이런 일들로부터 벗어날 수 있다. 아무도 우리에게 임금을 지불하고 있지 않으니까. 이것은 그냥 해야 할 일일 뿐이며 우리가 하지 않는다면 아무도 하지 않을 일이다. 그러나 이 책무를 우리에게 지워주신 분이 하나님이심을 알게 될 때 일의 본질이 바뀐다. 그 일은 그분을 섬기는 일이다. 그분을 만나면 우리는 이렇게 물을지도 모른다. "주님, 제가 언제 당신의 잔디를 깎았나요? 제가 언제 당신의 옷을 다림질했나요?" 그분은 이렇게 대답하시리라. 네가 "내 형제 중에 지극히 작은 자 하나에게 한 것이 내게 한 것이니라"(마 25:40).

로렌스Lawrence 형제는 수도원의 주방에서 하나님의 임재 체험을 훈련했다. 청소부 소피Sophie는 예수님을 위해서 바닥을 닦았다. 유엔 사무총장이었던 다그 함마르셸드Dag Hammarskjold는 위대한 중세의 신비주의에 대한 글에서 개인이 어떻게 적극적인 사회 봉사를 하는 삶을 살아야 하는가에 대한 설명을 발견하고, 자기의 일을 하나님께 바쳤다.

'자기 포기'를 통해 자아실현을 이룬 사람들, 그리고 '진실된 마음'과 '영성' 속에서 그들의 가난한 이웃이 그들 앞에 던지는 모든 요구에 '네'라고 말할 수 있으며, 그들에게 닥친 모든 운명에 '네'라고 말할 수 있는 힘을 발견한 사람들… 그들에게 사랑 – 숱하게 오용되고 그릇 해석된 단어인 – 의 의미는, 진정한 자기 포기를 통해 그들 안에 충만해진 힘이 넘쳐흐르는 것일 뿐이다. 그리고 이 사랑은 주저하지 않고 의무를 완수하며, 삶이 그들에게 어떤 노고나 고통 혹은 행복을 주든지 주저하지 않고 삶을 수용하는 모습 속에서 자연스럽게 표출된다.

1956년의 일기에서:

정의롭고 겸손한 아버지시여,
당신 앞에

믿음과 용기를 가진 형제여,
당신과 함께

평강의 성령이시여,
당신 안에서

나를 당신께 바치나이다.
당신의 뜻이 내 운명,
내 운명은 당신의 뜻에 따라 사용되리니.

우리 가족이나 이웃이 우리에게 지워준 요구는 무엇인가? 그것이 하나님이 우리를 향해 계획하신 책무다. 정글의 인디언들의 삶을 가까이서 지켜보았을 때, 나에게 그것은 너무나 분명해졌다. 가족 개간지에 카사바cassava를 심으러 바구니를 들고 나가는 늙은 할머니는 물론, 걸을 수 있는 제일 어린 아이까지 그들은 모두 생존을 위해 해야 할 일을 했다. 사실, 그들에게는 선택의 여지가 거의 없었다. 그들은 그들이 해야 하는 일을 하면서 자랑스러워하지 않았다. 그 일을 하는 것이 고결하다는 생각 따위는 해본 적조차 없는 것이 확실했다. 의무는 선한 것이다. 의무를 행하는 것은 선을 행하는 것이다. 그러나 그로 인해 상을 받지는 않는다.

우리가 '피할 수' 없는 일, 즉 생존을 위해 필요한 일과, 선택할 수 있는 일을 지나치게 구분하는 것은 옳지 못하다. 급여를 받고 매일 여덟 시간씩 하는 일은 우리에게 육체적으로 필요할 뿐 아니라 의무도 하다. 우리가 퇴근 후에 종종 다른 이들을 위해 하는 많은 일들 – 우리가 극악하게 이기적인 사람만 아니라면 – 또한 의무다. 하나님이 보시기에 그런 일들이 달라 보일까? 그렇지 않을 것이다. 나에게 주어진 일 속에는 강연과 글쓰기, '그리스도인의 본업'이라고 일컬어지는 섬기는 일이 포함되지만, 집안일과 서신 왕래, 가족과 친구들이 해야 할 일을 할 수 있도록 시간을 내어 그들을 도와주는 일 또한 내가 하나님을 섬기는 일 속에 포함된다.

"그러나 우리는 분수 이상의 자랑을 하지 않고 오직 하나님이 우리에게 나누어 주신 그 범위의 한계를 따라 하노니 곧 너희에게까지 이른 것이라 우리가 너희에게 미치지 못할 자로서 스스로 지나쳐 나아간 것이 아니요 그리스도의 복음으로 너희에게까지 이른 것이라 우리는 남의 수고를 가지고 분수 이상의 자랑을 하는 것이 아니라 오직 너희 믿음이 자랄수록 우리의 규범을 따라 너희 가운데서 더욱 풍성하여지기를 바라노라"(고전 10:13-15).

무엇이 우리의 '범위의 한계'인가? 우리는 현대 생활이라는 현실을 걷어치울 수 없다. 그 범위에 대해서라면 선택의 여지가 숱하게 많다. 하나님은 당신의 뜻을 행할 의지가 있는 자에게 어떻게 당신의 뜻을 나타내실지 알고 계시다는 사실을 확신하고 안심하자. 더 큰 범위를 발견하기 위한 출발점은 더 작은 곳, 우리가 마주치는 도움이 필요한 이웃의 모든 요구에 '네'라고 기꺼이 말하는 데 있다.

한 젊은 부부가 아내가 일하는 문제에 대해 조언을 얻으려고 나를 찾아왔다. 남자는 학교에 다니고 있어서 아내가 일을 해 생활비를 벌어야 했다. 이것은 현대인의 각박한 삶의 현실이자 모든 결혼한 이들을 짓누르는 문제다. 나는 남편이 남편에게 주어진 의무, 즉 아내를 소중히 여기고, 가족을 이루고, 필요를 채우는 것을 다시 이행할 수 있게 될 때까지 아내와 남편이 모두 동의할 경우 임시방편으로 그렇게 하기로 결정할 수 있다고 생각한다. 그 젊은 부부의 가장 큰 문제는 이것이 아니었다. 두 사람 모두 그 상황을 이상적인 것이 아닌 임시적인 상황으로 이해했다. 문제는 아내가 자기 일에 대해 그다지 성취감을 느끼지 못하는 데 있었다. 그녀는 지루한 일을 그만두고 주님이 더 나은 직장으로 인도해주시기를 기다리는 모험을 해야 할까? 물론 나는 그 질문에 대답할 수 없었지만 그들이 전체 상황을 다른 시각에서 볼 수 있게 해주려고 노력했다.

첫째, 그녀의 일은 남편이 일할 수 없기 때문에 경제적인 필요를 채우기 위한 것이었다. 어떤 일이라도 일이 없는 것보다는 낫다. 둘째, 그것은 임시로 하는 일이다. 그녀가 그 일을 직업으로 생각할 필요는 없다. 그녀는 엄마가 되기를 원했다. 셋째, 그들은 이점은 생각하지 못했다. 이 세상의 어떤 일에서도, 일 자체로서는 '성취감'을 찾을 수 없다. 그녀는 그곳에서 성취감을 찾는 실수를 범하고 있었다. 그 일은 그녀에게 걸맞지 않는 일이었다. 그녀가 하는 일과 그녀의 학위는 아무 상관이 없었고, 그렇기에 그 일을 하는 것은 능력의 낭비였다. 그녀는 그들이 당면한 현실의 요구를 채우기 위해 어떤 일이라도 기꺼이 주님께 하듯이 할 의향이 있었는가? 그 일 속에서 개인의 만족을 얻기보다 주님을 만족시키는 것을 목표로 할 의사가 있었는가?(그분을 위해 일을 하는 만족감은 이른바 그녀의 자격에 걸맞는 일을 함으로써 얻게 될 보상과 비교할 수 없을 정도로 크다는 것을 어떻게 그녀에게 확신시킬 수 있을까?)

그들에게 무슨 일이 일어났는지 나는 모른다. 어쩌면 하나님이 그녀에게 흥미롭고 도전이 되는 일자리를 주셨을지도 모른다. 그렇지 않다면 그들이 중요한 교훈을 얻었기를 바란다. '하나님을 위해서 하는 일이라면 어떤 일 속에서도 흥미와 도전은 항상 발견할 수 있다는 것을.' 만약 우리가 하는 일이 우리의 능력 이하의 일이라고 생각된다면, 일이 지루하고 무의미해서 고역으로 느껴진다면, 생계 수단은 될 수 있겠지만 활기찬 삶을 살 수는 없다. 그것은 제자들이 누릴 수 있는 자유롭고 충만한 삶은 아니다.

하나님은 우리가 우리 능력 이하의 일을 하기 원하시는가? 천국의 주님이 수건을 집어 들고 제자들의 발을 씻기신 일을 기억한다면 이 질문이 우리를 괴롭히는 일은 다시 없을 것이다.

초대 교회 시대에 열두 사도들은 과부들에게 매일 식량을 배급하는 일을 맡을 사람을 찾으면서 제자들에게 "음식을 나누어주는 일 때문에 우리가 하나님의 말씀을 가르치는 일을 소홀히 하는 것은 옳지 않습니다"(행 6:2, 쉬운 성경)라고 말했다. 그러나 사도들이 그 직책을 맡을 사람을 찾을 때 어떤 사람을 찾았는지 살펴보면, 그들이 그 일을 하찮은 일로 생각하지 않았음을 분명하게 알 수 있다. "형제들아 너희 가운데서 성령과 지혜가 충만하여 칭찬 받는 사람 일곱을 택하라"(3절). 사도들 또한 처음에는 훈련되지 않은 평신도였음을 기억하라. 그러나 그들은 이미 말씀을 전파하는 사역에 분명한 부르심을 받았다. 사람들마다 받은 은사, 주어진 책임이 다르며 '음식을 나누어주는 일' 도 성령의 도우심과 지혜가 요구된다. 두 가지 일 모두 교회에서 해야 할 일이었기에, 그들은 하나님이 일할 사람을 보내주실 것을 기대했다. 그 일에 지명된 사람 중 하나가 스데반이었다는 사실은 특히 흥미롭다. 스데반은 '은혜와 능력이 충만' 했고 헬라인 과부들을 돌보는 책임을 맡은 지 얼마 지나지 않아 큰 기적과 이적(그가 그들의 존경을 받는 첫 사람이 될지 누가 알았겠는가? 그것만으로도 기적이 아니겠는가?)을 행하게 되었으며, 지혜와 성령으로 충만한 그의 연설은 종교계 엘리트들로 하여금 심한 질시와 혐오로 이성을 잃게 만들었다. 그가 그 첫 책무를 받아들인 것에서 미루어 볼 때, 그는 실로 겸손한 사람이었고, 연설가로서 그렇게 강한 인상을 남긴 것을 볼 때, 매우 뛰어난 사람이었을 것이다. 하나님은 그에게 평범한 일을 맡기심으로써 그에게 순교할 준비를 시키셨다.

교회의 첫 순교자의 이야기를 되짚어보면, 무엇이 위대한 순교자를 만드는가에 대한 숱한 어리석은 생각들이 사라지게 될 것이다.

1단계 - 과부들의 구호품에 대한 헬라인과 유대인 사이의 다툼.

2단계 - 스데반이 식량을 배급할 위원으로 임명됨.

3단계 - 스데반이 기적을 행하기 시작함.

4단계 - 회당의 자유민들에게 질책을 받음.

5단계 - 스데반의 변론과 인자의 모습을 봄.

6단계 - 돌에 맞아 죽음.

무엇이 하나님을 위한 위대한 일인가? 그것은 어디에서부터 시작되는가? 언제나 겸손으로부터 시작된다. 섬김을 받는 것이 아니라 섬기는 데서 시작된다. 자아실현이 아니라 자기 포기에서 시작된다.

나는 지루함을 예방하는 확실한 처방전에 대해 들은 적이 있는데 그것은

1. 해야 할 일
2. 사랑할 사람
3. 기대하는 것

을 갖는 것이다.

그리스도인들은 그리스도 안에서 이 세 가지를 모두 가지고 있다. '일, 주인, 소망' 그러나 우리는 얼마나 쉽게 이 사실을 망각하는지 모른다. 타락의 결과 중 하나가 바로 사물의 의미를 보는 시각을 잃어버리고, 이 세상을 영광으로 가득 찬 것이 아닌, 희미하고 불투명한 것으로 보기 시작하는 것이다. 다른 사람들이 하는 일은 우리가 해야 하는 일보다 훨씬 더 흥미롭고 재미있어 보인다. 내 틀에 박힌 일상 속에서 '마법 같은 일'은 일어나지 않는다. 그러면서 '그 여자의 삶은 부러워'라고 우리는 생각한다.

만일 스데반이 기적이나 이적을 행하거나 뛰어난 변증론자가 되는 데에만 관심이 있었다면 그는 복지 위원회의 일을 기꺼이 떠맡지 않았을 것이다. 그러나 바로 그 때, 그에게 문이 열린 것이 그 일이었다. 필요가 있었고, 그는 그 필요를 채우라는 소명을 받았다. 그는 "네"라고 대답했다. 그의 마음은 한 가지에 집중되어 있었다. '하나님께 순종하는 것!' 그는 섬기기를 원했기에 고생을 감수할 준비가 되어 있었다. 스데반은 교회사에서 높은 위치를 차지하기를 꿈꾸며 자기의 영혼을 허황되게 고양시키지 않았다.

"여호와의 산에 오를 자가 누구며 그의 거룩한 곳에 설 자가 누구인가 곧 손이 깨끗하며 마음이 청결하며 뜻을 허탄한 데에 두지 아니하며 거짓 맹세하지 아니하는 자로다"(시 24:3-4).

우리의 손과 마음과 몸을 산 제사로 드리듯, 우리의 일 역시 하나님이 기뻐하시는 제사로 올려드리자. 오직 그분만이 그것을 정결하게 하실 수 있다. 그분께 드리지 않으면 그 일은 죽는다. 죽음, 무기력, 지루함을 피할 수 없다.

글쓰는 일(기독교 서적들)조차 무료해질 수 있다. 글쓰기는 흥미진진한 일이라고 생각하는 사람들이 많다는 걸 나는 안다. 사람들이 와서 눈을 반짝이며, 글을 쓰는 건 분명 멋진 일일 거라고 말하기 때문이다.

"나도 언젠가는 책을 쓰고 싶어요." 그들은 말한다. "시간이 있으면…, 아이들이 다 자라면…, 은퇴하면."

나는 최선을 다해 그들을 격려한다. 그러나 그들이 내가 글쓰기를 좋아하는지, 순전한 기쁨을 얻는지, 힘들지는 않은지 묻는다면, 내 경우에 그 과정은 언제나 힘들다는 것을 인정하지 않을 수 없다. 나는 날마다 나 자신과 싸워야 한다.

예를 들어, 어제는 상태가 좋지 않았다. 조용한 곳에서의 하루가 통째로 나에게 주어졌다. 급작스러운 비상사태만 발생하지 않는다면 어떤 방해도 없을 터였다. 내가 해야 할 일이 무엇인지 나는 알고 있었다. 나는 준비된 공책도 가지고 있었고, 타자기, 종이, 일할 장소도 있었다. 컨디션도 더할 나위 없이 좋았다. 기온도 쾌적했다. 너무 덥지도 춥지도 않았다. 이런 환경 속에서 일할 수 없다면 어디에서도 일할 수 없다. 나는 나 자신에게 계속 이렇게 말했다.

그런데 나는 일하고 싶지 않았다. 그랬다. 마음이 불안하고 산란했으며, 내 자신이 싫어졌다. 혹시 내가 밑천이 다 드러난 것이 아닌지 궁금했다. 어쩌면 정말 할 말이 없었는지도 모른다. 다 끝났어, 나는 다 끝났어. 더 이상 할 말이 없었다. 나는 혼자 계속 되뇌었다. 아! 그런데 내가 끝났다면 어떻게 그걸 알 수 있지? 어쩌면 아직도 내 글을 좋아하는 독자들이 어디엔가 있을지도 모르며, 내가 다음에 쓸 글에 대한 관심을 표명해온 친절한 출판 업자의 편지를 방금 받았다는 생각도 도움이 되지 않았다. "많은 책들을 짓는 것은 끝이 없고 많이 공부하는 것은 몸을 피곤하게 하느니라"(전 12:12)라는 말씀만 크고 분명하게 들렸다. 나는 매일 쏟아져나오는 현란한 보급판 책들이 산더미처럼 쌓여 있는 기독교 서점들을 떠올렸다. 초 대작의 총천연색 팸플릿Pamphlet과 전면 광고들도 떠올랐다. 내가 읽었던 우울한 통계도 생각났다. 16살이 될 때까지 대부분의 아이들이 10,000~15,000시간을 텔레비전을 시청하는 데 허비한다. 미국 성인의 74퍼센트가 한 해를 넘길 동안 한 권의 책도 읽지 않는다. 미국은 문명국들 중에서 '가장 책을 안 읽는' 나라다.

나는 몇 주 후에 참석하기로 되어 있는 대규모 도서 전시회를 머릿속에 그려보았다. 아! 왜 그 책더미에 책 하나를 더해야 하는가?

그 일은 분명 세상에서 가장 즐거운 일 중 하나지만, 그 일을 하는 사람들이 반드시 그 일을 좋아하는 것만은 아니다. 이것이 우리가 알아야 할 점이다. 원수는 갖가지 방법으로 빛을 죽이고 우리를 한눈 팔게 하고 우리에게 주어진 일에 싫증을 느끼게 만든다. 그 일이 무가치해보이도록 만들기도 한다. 우리가 하는 일의 영적인 특성(하나님이 우리에게 주신 모든 일에는 영적인 특성이 있다)을 잊지 않기란 어려운 일이다. 그러려면 영적 보호가 필요하다. '영적인 기관들과 권력자들'이 우리와 대립하고 우리를 낙담시키고 넌더리치게 하고 좌절시킨다.

"주 우리 하나님의 은총을 우리에게 내리게 하사 우리의 손이 행한 일을 우리에게 견고하게 하소서"(시 90:17). 이것이 우리의 기도가 되어야 한다. 우리는 도움이 필요하다. 책을 쓰고, 정책을 선전하며, 요리를 하고, 무슨 일이든 맡은 일을 할 수 있지만, 일을 억지로 하거나 일을 하면서 실망하는 날들도 있을 것이다. 그러나 그 속에 기도가 충만하다면, 아름다움을 발견하게 될 것이고, 일도 성취될 것이다.

일은 복이다. 하나님은 이 세상에 살면서 일을 하도록 만드셨다. 그분은 우리에게 일할 수 있는 손과 힘을 주셨다. 우리에게 쉬는 시간만 있다면, 휴식의 즐거움도 없으리라. 휴식을 즐길 수 있게 해주는 것은, 허기와 갈증이 먹고 마시는 것의 기쁨을 알게 해주듯이, 일을 잘 마쳤을 때의 즐거움이다.

나는 첫 남편을 잃기 전에는 일의 놀라운 치유 효과를 알지 못했다. 그 일 이후로 나는 수십 차례 이런 질문을 받았다. "어떻게 다시 스스로 밀림으로 돌아가게 되셨나요?"

내가 어떻게 그럴 수 있었는지 나도 의심스럽다. 나는 '돌아가지' 않았다. 나는 '머물러' 있었다. 그곳에는 해야 할 많은 일이 있었고, 그 일을 할 다른 사람이 없었다. 매일매일, 남편과 동료 선교사 네 명이 죽었다는 소식을 듣던 첫 날부터 시작해서, 해야 할 일로 가득 차 있었다. 내 아이, 우리 집, 관리해야 할 활주로, 가르쳐야 할 인디언들과 사람을 고용하고, 방문하며, 주사를 놓고, 조언을 하며, 도와

주고, 번역을 하며, 편지를 주고 받는 일들이 … 그 일들이 나에 대한 연민 속에 잠겨 있을 시간을 가득 채워주었다.

길고 고통스러운 과정이었던 내 두 번째 남편의 죽음을 겪으면서 나는 단조롭고 평범한 가사일로 인해 하나님께 말할 수 없는 감사를 드리게 되었다. 나를 견디게 해준 것은 남편 에디슨^{Addison}에게 음식을 만들어 주는 일, 그리고 그가 조금이라도 즐길 수 있는 메뉴를 생각해내려고 머리를 쥐어짜는 일과 청소와 설거지와 그의 옷과 시트를 빠는 일, 쟁반을 나르고, 시간에 맞춰 그에게 약을 먹이고 편지의 답장을 쓰는 것과 같은 일이었다. 나는 어느덧 산더미처럼 쌓인 그릇과 빨래로 인해 하나님께 감사하고 있었다.

우리가 누군가를 위해서 어떤 일을 할 때, 바로 그 누군가가 우리가 하는 일에 의미를 부여해준다. 물론 내가 달걀을 부치거나 빨래를 할 때 프라이팬이나 세제를 생각한다는 말은 아니다. 나는 에드를 생각했다. 병세가 악화되면서 그는 극도로 우울해졌고 더 이상 먹으려고도 하지 않았으며, 책을 읽어주기 원하거나 목욕을 하거나 옷을 갈아입거나 그 외의 어떤 보살핌도 받으려 하지 않았다. 그에게 나는 '이스라엘을 괴롭게 하는 자'와 같은 존재였고 그도 그렇게 말했다. 그래도 그 일은 계속해야 하는 일이었다. 그가 최악의 상태에 이르러 내가 하루하루를 간신히 버텨나가고 있었을 때에도 여전히 해야 할 일은 있었고, 하나님의 은혜로 나는 그 일을 했다. 내 주위를 보지 않고 위를 바라보며 그 일을 주님께 드려야 한다는 생각을 하면 그 일은 훨씬 쉽고 즐거웠다.

이 세상 사람들 중에는 누구를 위해 일해야 할지 모르는 사람이 많이 있다. 직장 상사는 무슨 수를 써서라도 피하고 싶은 깐깐한 여자고, 월급 봉투를 기다리는 가족도 없으며, 그들이 직장 일을 좋아하는지 싫어하는지 사실상 아무도 관심을 가지지 않는다. 그들에게 감사하는 사람도 없다. 그런 사람들에게 일의 훈련이란 어떤 의미일까?

이런 사람들은 바울이 골로새교회의 노예들에게 했던 말에서 도움을 얻을 수 있다. "종들아 모든 일에 육신의 상전들에게 순종하되 사람을 기쁘게 하는 자와 같이 눈가림만 하지 말고 오직 주를 두려워하여 성실한 마음으로 하라 무슨 일을 하든지 마음을 다하여 주께 하듯 하고 사람에게 하듯 하지 말라 이는 기업의 상을 주께 받을 줄 아나니 너희는 주 그리스도를 섬기느니라 불의를 행하는 자는 불의의 보응을 받으리니 주는 사람을 외모로 취하심이 없느니라"(골 3:22-25).

나는 로마제국 시대에 노예로 산다는 것이 어떤 것이었을지 상상해보았다. 자유 국가에 사는 우리는 당시에는 그들에게 문제가 되지 않았을지도 모르는 많은 요소들을 상상하게 된다. 노예 제도의 도덕성에 의문을 품은 사람들은 거의 없었을 것이다. 많은 이들이 다른 누군가가 그들의 삶을 책임진다는 걸 기뻐했다. 노예라는 꼬리표를 원치 않을 뿐이지 지금도 많은 사람들이 기뻐하고 있다. 그렇지만 확신하건대, 1세기의 노예들이 세상의 주인에게 절대적으로 순종하는 것은, 20세기의 고용인이나 제자들이 순종하는 것보다 더 어려웠을 것이다. 의심할 여지없이 훨씬 더 힘든 일이었으리라. 우리 영혼의 적이 우리로 하여금 두 마음을 품고 상사의 단점만을 보도록 하기 때문에 존경심을 가지고 성실하게 일하기란 언제나 어려운 일이다. 하루에 열네 시간씩 채찍에 맞으며 일하는 노예 운전사가 그 일을 전심으로 할 수 있을지 상상해보라.

일에 대한 그리스도인의 태도는 진정한 의미에서 혁명적이다. 이 질문이 매일 주방에서, 사무실에서, 교실에서, 공장에서 던져질 때, 경제와 총체적 삶에 미칠 영향을 생각해보라. "당신의 주인은 누구인가?" 그리고 답이 주어졌다. "그리스도가 내 주인이시며 나는 그의 종입니다." 이런 태도는 부하 직원의 상사에 대한 태도뿐만 아니라, 함께 일하는 동료들에 대한 태도까지도 일거에 변화시킬 것이다. 그는 더 이상 동료를 이기고, 속이며, 다른 동료들보다 고용주의 눈에 들기 위해 계략을 짜지 않을 것이다. 또한 자기가 좋아하지 않는 일을 회피하고, 다른 사람에게 떠넘길 방법을 찾지도 않을 것이다. 일을 대하는 태도부터 변화되어 남에게 보여주거나 승진하기 위해서, 보너스를 받거나 칭찬을 받거나 포상으로 라스베가스로 공짜 여행을 가기 위해서 일하지 않을 것이며, 그리스도를 위해 성실함으로 일하게 될 것이다. 그는 다른 감독관은 찾아낼 수 없는 것을 보시는 주님, 되어진 일의 세세한 부분만이 아니라 마음에 품은 의도까지 보시는 주님을 섬기기에, 일의 질이 달라지게 될 것이다. 노동자들은 그들이 하는 일이 얼마나 비천한 일인지, 얼마나 판에 박힌 일인지, 얼마나 하찮은 일인지는 사실 중요하지 않음을 알게 될 것이다. '그 일은 주목받을 것이다.'

라르스와 함께 노리치 성당을 올라갔을 때 우리는 최상층부의 가장 좁고 어두운 계단에서 작은 얼굴들이 새겨진 돌을 발견했다. 이것을 끌로 조각한 노동자는 누구였을까? 그는 누구를 위해서 했을까? 그는 이렇게 구석진 곳에 있는 그의 작품이 세상에 알려지길 기대했을까? 그는 하나님을 위해서 이 일을 했으리라.

하나님께 바쳐진 일이 완성된 곳에서 비추일 광휘를 생각해보라. 이 작은 조각들을 하나님께 바친 노동자의 마음속에 깃들일 평화를 생각해보라.

일 자체도 축복이지만 일할 수 있는 능력도 선물이다. 조니 에릭슨 타다Joni Eareckson Tada에게 물어보라. 그녀는 전신이 마비됐다. 그녀는 우리들이 하는 평범한 일을 할 수 없지만 처절한 연습과 훈련을 통해 특별한 방식으로 일하는 법을 터득했다. 그녀는 입에 붓을 물고 그림을 그린다. 그리고 그녀를 위해 특별히 제작된 밴을 운전한다. 또한 책을 쓰고, 여행을 하며, 강연을 하고, 장애인들을 위해 일한다.

그토록 참담한 역경을 딛고 그녀가 일하는 모습을 보며 나는 내가 당연하게 받아들였던 축복들을 깨닫게 된다. 내 다리는 내가 가고 싶은 곳에 나를 데려다 주고, 내 손은 진공청소기를 쥐며, 내 손가락들은 내 머리를 손질하고, 빵을 반죽하며, 피아노를 치고, 타자기를 두드린다.

모든 능력 하나하나가 다 선물이다. 모세는 위대한 사람이었고, 재능이 많았고, 이스라엘 백성들을 속박에서 벗어나게 하기 위해 선택되었고, 시내 산에서 성막의 형상을 보았다. '나를 위해 성소를 지으라. 성궤를 만들라. 탁자를 만들라. 촛대를 만들라. 달아맬 것들을 만들라. 장막을 만들라.'

누가 그렇게 복잡한 지시를 다 수행할 수 있었겠는가?

"모세가 이스라엘 자손에게 이르되 볼지어다 여호와께서 유다 지파 훌의 손자요 우리의 아들인 브살렐을 지명하여 부르시고 하나님의 영을 그에게 충만하게 하여 지혜와 총명과 지식으로 여러 가지 일을 하게 하시되 금과 은과 놋으로 제작하는 기술을 고안하게 하시며 보석을 깎아 물리며 나무를 새기는 여러 가지 정교한 일을 하게 하셨고 또 그와 단 지파 아히사막의 아들 오홀리압을 감동시키사 가르치게 하시며 지혜로운 마음을 그들에게 충만하게 하사 여러 가지 일을 하게 하시되 조각하는 일과 세공하는 일과 청색 자색 홍색 실과 가는 베 실로 수 놓는 일과 짜는 일과 그 외에 여러 가지 일을 하게 하시고 정교한 일을 고안하게 하셨느니라 브살렐과 오홀리압과 및 마음이 지혜로운 사람 곧 여호와께서 지혜와 총명을 부으사 성소에 쓸 모든 일을 할 줄 알게 하신 자들은 모두 여호와께서 명령하신 대로 할 것 이니라"(출 25:30-36:1).

성 베네딕트 수도원의 규율은 가장 높은 차원의 겸손은 즉각적인 순종이라고 규정한다.

그러나 명령받은 것을 망설임이나 주저함, 미온적인 태도, 불평이나 반대없이 행하는 순종만이 하나님을 만족시키고 다른 사람을 기쁘게 한다. 윗사람들에게 순종하는 것이 곧 하나님께 순종하는 것이다. 하나님은 이렇게 말씀하셨다. "너희 말을 듣는 자는 곧 내 말을 듣는 것이요." 제자들은 기꺼운 마음으로 순종해야 한다. '하나님은 즐겨 내는 자'를 사랑하시기 때문이다. 제자들이 하나님의 명령을 따르면서 표현하지는 않더라도 마음속에 반감과 불평을 품고 있다면, 마음을 보시는 하나님이 그가 한 일을 받지 않으실 것이다.

성 그레고리 수도원의 쥬드Jude신부는 이렇게 썼다.

주일 점심 식사 때 드려지는 식사 기도는 다른 날과 다르다. 지난 일주일간 식사 시중을 들었던 수도사 두 명이 시편 86편을 함께 읽는 것으로 기도는 시작된다. "주여 … 내게 은혜를 베푸소서 주의 종에게 힘을 주시고 …." 그 순간은 엄숙하고 감동적이다. 이 시편은 우리가 헌신한 삶,

평범한 일상의 행위에서 영적인 의미를 찾는 삶을 예시한다. 우리가 다른 사람들의 필요를 채우는 사역을 할 때에, 비록 그 사역이 음식을 떠주거나 빈 접시를 치우는 일이라 할지라도, 하나님의 은총 가운데 있다는 사실을 아는 것은 위안이 된다.

점심이나 저녁 식사를 하고 아무 일도 하지 않고 그냥 일어설 수 있는 것은 정당하게 즐길 수 있는 사치다. 순서에 따라 당신이 섬겨야 할 차례가 올 테지만 그렇다고 해서 현재 내가 누리는 휴식의 달콤함이 줄어들지는 않는다. 영적으로 육체적으로 적절하게 쉬는 법을 배우는 것은 유익한 일이다.

주일날 시편 구절은 조금 무겁지 않냐고? 그러나 우리가 하나님의 능력으로 일하고 있음을 기억한다면 그렇지 않으리라. 어떤 단계의 사역이든 사역은 용기가 필요하다. 한 사람이 유용한 존재가 될 때야말로 겸손이 필요한 때다. 내가 생존을 돕고 있는 육신은 영광스럽게 부활할 육신이다. 내가 음식 접시를 날라다주는 그 사람을 섬기는 것이 나에게는 영광이다. 왜냐하면 그는 왕의 식탁에 와서 먹고 마시도록 초대되었기에.

그리스도인을 특징 짓는 것은 일하고자 하는 의지다. 바울이 데살로니가 교인들에게 게으른 사람들과 가까이하지 말라고 말했을 정도로 게으름은 심각한 죄였다. 바울 자신도 값을 지불하지 않고는 다른 사람들이 제공하는 식사나 거처를 받아들이지 않았다.

"누구에게서든지 음식을 값없이 먹지 않고 오직 수고하고 애써 주야로 일함은 너희 아무에게도 폐를 끼치지 아니하려 함이니 우리에게 권리가 없는 것이 아니요 오직 스스로 너희에게 본을 보여 우리를 본받게 하려 함이니라 우리가 너희와 함께 있을 때에도 너희에게 명하기를 누구든지 일하기 싫어하거든 먹지도 말게 하라 하였더니 우리가 들은즉 너희 가운데 게으르게 행하여 도무지 일하지 아니하고 일을 만들기만 하는 자들이 있다 하니 이런 자들에게 우리가 명하고 주 예수 그리스도 안에서 권하기를 조용히 일하여 자기 양식을 먹으라 하노라"(살후 3:8-12).

얼마 전, 한 젊은 여인이 직장을 찾게 해달라는 기도를 나에게 요청했다. 대화를 해보니 그녀는 라디오나 텔레비전 분야의 일을 몹시 하고 싶어 했지만, 아직 그 분야의 일을 찾지 못하고 있었다. 그녀는 2년째 실업 수당을 받고 있었다. 나는 그녀에게 청소 일을 찾아보라고 제의했다. 그녀는 충격을 받았고 감정이 상했다. "그렇지만 저는 학사 학위가 있다고요!"

"일하지 않는 자는 먹지도 말라." 이 말은 내가 한 말이 아니라 바울의 말이다. 나는 이 말이 연방 정부 외에는 부양할 자가 없는 이 여인에게도 적용된다고 생각한다. 그녀의 경우 몸이 아프다든지 돌봐야 할 어린아이가 있어서 일을 할 수 없는 것이 아니었다. 그녀는 일이 마음에 들지 않으면 일하고 싶어하지 않았다. 우리는 이렇게 말해서는 안 된다. "하나님이 나에게 할 일을 주지 않으셨어요." 하나님은 우리에게 할 일을 주셨다. 그 일은 당신의 문 앞에 놓여 있다. 그 일을 하라. 그러면 그분은 다른 일도 보여주실 것이다.

"게으르지 아니하고 믿음과 오래 참음으로 말미암아 약속들을 기업으로 받는 자들을 본받는 자 되게 하려는 것이니라"(히 6:12).

내가 6학년 때 글씨 연습을 하기 위해 쓰던 구절 중 하나가 아직도 머릿속에 생생하게 남아있다.

"일을 시작한 후에는
다 마칠 때까지 자리를 떠나지 말라.
큰 일이든 작은 일이든
제대로 하지 않을 것이면 아예 하지를 말라."

우리에게 주어진 일을 충실히 한다면 우리는 기쁨으로 우리의 경주를 마치게 되리라. 우리는 예수님처럼 말할 수 있으리라. "아버지께서 내게 하라고 주신 일을 내가 이루었나이다."

12장
감정의 훈련

한 학생이 말했다. "저는 이 문제 때문에 골치가 아파요. 제 말은, 이 문제를 어떻게 마음 편히 해결할 수 있을지 모르겠어요."

성경 공부 선생님이 물었다. "마음 편하게 해결한다고요? 그것이 하나님의 뜻과 무슨 관계가 있지요?"

표현은 새로울지 몰라도('편안한 느낌'은 무척 중요해졌다) 주저함에 대해서는 전혀 새로운 것이 없다. 예수님은 큰 잔치를 베푼 남자의 비유를 들어 생생하게 묘사하셨다. 주인이 사람들을 잔치에 초대하자 갖가지 핑계가 쏟아졌다. '나는 밭을 샀다.' '나는 소 다섯 겨리를 사서 시험하러 가야 한다.' '나는 방금 결혼했다.' 일을 마음 편히 해결할 수 없었던 그들은 초대를 거절했다.

감정은, 생각과 마찬가지로 통제되어야 한다. 감정을 우선으로 생각하는 사람은 제자가 될 수 없다. 우리는 십자가를 지고 하나님을 영화롭게 하라는 소명을 받았다. P. T. 포사이스P. T. Forsyth는 많은 인기를 얻은 종교의 약점은, 우리 믿음의 기본적 교리 중 하나와 정반대되는 교리를 갖고 있다는 점에 주목했다. '하나님의 가장 큰 목표는 인간을 영화롭게 하는 것이다'가 바로 그것이다. 사람들은 권위보다는 암시에 의해 행동한다. 수년 전 옥스포드대학 교수 일곱 명이 「초석Foundations」이라는 책을 공동 집필했는데, 이 책은 모든 그리스도인들로 하여금 그들이 좋아하는 것을 믿도록 허용하는 시도였다. 로날드 녹스Ronald Knox는 이렇게 말했다. "그들은 '나는 믿는다'를 '인간은 느낀다'로 정정했다."

다니엘의 이야기는 하나님의 인도하심을 받는 의지가 자연적인 감정을 이긴다는 강력한 교훈을 준다. 다니엘에게는 비전과 영감과 예지력이 주어졌지만 그것을 얻기까지 엄청난 대가를 치루었다. 그는 겸손을 배워야 했다. 앞서 살펴본 바와 같이, 그 과정은 왕의 기름진 음식을 먹지 않겠다는 그의 결단으로부터 시작되었다. 결단은 감정이 아니다. 결단이라는 말은 환경이 영혼에 미치는 영향을 표현하지 않는다. 이것은 편안한 느낌과는 아무 상관이 없다. 이것은 감정과는 별개로 이루어진, 의지의 결단이다. 6세기의 라틴어 찬송가를 보면, 절식을 통해 "다니엘은 그의 영적 시각을 단련했다"라고 되어 있다.

맡은 임무를 훌륭하게 수행한 탓에 다니엘은 미움과 질시의 대상이 되었다. 그의 경쟁자들은 그를 죽일 음모를 꾀했다. 다니엘이 그들의 증오심을 감지하고 어떤 결과가 닥칠지 알면서도 하나님께 기도하기를 중단하지 않겠다는 생사의 결단을 하고('선한 일을 행할 때 감정이 생기기를 기다리지 말라. 이성과 지성만으로 충분하다'고 십자가의 성요한은 썼다) 체포당해 왕 앞에 끌려나가 처벌을 받았을 때, 어떤 느낌이었을지 우리는 짐작할 수 있다. 사자와 함께 보낸 밤이 어땠을지 상상해보라. 다음날 아침, 두려움에 가득 찬 떨리는 목소리로 사자굴을 향해 외치는 소리를 들었을 다니엘의 심정을 상상해 보라. "살아 계시는 하나님의 종 다니엘아 네가 항상 섬기는 네 하나님이 사자들에게서 능히 너를 구원하셨느냐?"(단 6:20)

"그의 몸이 조금도 상하지 아니하였으니 이는 그가 자기의 하나님을 믿음이었더라"(23절).

다니엘은 하나님의 계시를 받기 위해 값비싼 대가를 지불했다. 그가 경험한 것은 감정적인 고취가 아니었다. 사실, 그는 환상을 보고 근심하고 번민했다. "나 다니엘은 중심에 번민하였으며 내 얼굴빛이 변하였으나… 나 다니엘이 이 환상을 보고 그 뜻을 알고자 할 때에… 내가 두려워서… 이에 나 다니엘이 지쳐서 여러 날 앓다가 일어나서 왕의 일을 보았느니라"(7:28-8:27).

"근심하는 영혼이여, 그대는 느끼려 하지 말라. 그대는 일어서야 한다"라고 조지 맥도날드는 썼다.

설명은 계속된다. 페르시아 왕들에 대한 예언이 그에게 주어졌을 때,

"바사 왕 고레스 제삼년에 한 일이 벨드사살이라 이름한 다니엘에게 나타났는데 그 일이 참되니 곧 큰 전쟁에 관한 것이라 다니엘이 그 일을 분명히 알았고 그 환상을 깨달으니라 … 그러므로 니만 홀로 있어서 이 큰 환상을 볼 때에 내 몸에 힘이 빠졌고 나의 아름다운 빛이 변하여 썩은 듯하였고 나의 힘이 다 없어졌으나 내가 그의 음성을 들었는데 그의 음성을 들을 때에 내가 얼굴을 땅에 대고 깊이 잠들었느니라 한 손이 있어 나를 어루만지기로 내가 떨었더니 그가 내 무릎과 손바닥이 땅에 닿게 일으키고 … 내게 이르되 큰 은총을 받은 사람 다니엘아 내가 네게 이르는 말을 깨닫고 일어서라 내가 네게 보내심을 받았느니라 하더라 그가 내게 이 말을 한 후에 내가 떨며 일어서니 그가 내게 이르되 다니엘아 두려워하지 말라 네가 깨달으려 하여 네 하나님 앞에 스스로 겸비하게 하기로 결심하던 첫날부터 네 말이 응답 받았으므로 내가 네 말로 말미암아 왔느니라 … 그가 이런 말로 내게 이를 때에 내가 곧 얼굴을 땅에 향하고 말문이 막혔더니"(10:1-15).

그는 입을 열어 말했다. 몸에 힘이 없었다. 호흡이 남아 있지 않았다.

"두려워하지 말라 평안하라 강건하라 강건하라"(10:19). 천사가 그에게 말했다.

열정과 두려움으로 괴로워하는 철저히 인간적인 사람, 통렬하고 불안한 감정에 시달리면서도 하나님에 대한 믿음을 신실하게 붙잡고 타고난 기질과는 무관하게 그분을 위해 행하는 사람의 모습을 성경을 통틀어 이보다 더 생생하고 감동적으로 묘사한 것이 또 있을까? 다니엘을 능가하는 삶이 있다면 온전히 섬기는 자의 삶을 사셨던 그리스도의 초상뿐이다. 다니엘의 이야기를 통해 분명하게 알 수 있는 것은 지성은 값싼 것이 아니며, 기도의 응답은 종종 오랜 시간에 걸쳐, 흔들리지 않는 인내 속에서 이루어진다는 점이다. 잠시 멈추고 천사가 말한 것을 곰곰이 생각해볼 필요가 있다. 그것은 '네가 어떤 느낌일지 안다'거나 '정말 고생했다'가 아니라 '두려워말라. 강건하라'였다. 천사는 두 가지 진리를 그에게 상기시켰다. 첫째, 그는 큰 사랑을 받고 있다. 둘째, 모든 일이 다 잘 될 것이다. 이것은 우리 모두에게도 적용된다. 우리의 감정이 우리를 끌어내리는 것 같을 때, 이 진리를 생각하면 담대해질 수 있을 것이다.

콜롬비아의 파스토에 사는 내 친구 캐서린 몰간(Katherine Morgan)은 이런 글을 썼다.

생각을 떠받치기 위해서 믿음의 팔을 상상하며 사용할 때 믿음의 역사가 이루어집니다. 나는 감정은 믿을 만한 게 못 된다는 당신 생각에 동의합니다. 인간의 생각 또한 믿을 건 못 되지만, 우리의 생각이 천국을 향해 날아오르도록 해주는 믿음은 하나님이 에스겔에게 그의 아내가 죽을 거라고 말해주었던 경우처럼 생산적입니다. 그는 명령받은 대로 행했습니다. 당신과 나도 이와 같은 경험을 했지요. 우리의 감정은 우리가 왜 남편들을 잃어야 하는가 하는 의심을 불러일으키지만, 우리는 내심 주님의 명령대로 행해야 함을 알고 있었지요. 나는 우리가 한 일이 특별히 선한 일은 아니었다고 생각합니다. 우리는 명령을 받았고, 그래서 그 명령을 지켜야 했고, 감정을 억눌러야 했지요. 이곳 파스토에 살면서 감정이 복받칠 때면, 패배를 인정하고 싶을 때가 한두 번이 아니었습니다. 나는 사람들이 둔감하고 말귀도 어둡고 모든 노력이 허사라고 '느꼈지요'. 나는 이곳에서 계속 일하고 싶은 욕망만 제외하고 거의 모든 감정을 '느꼈습니다'. 그래도 하나님의 계획은 성취되어야 합니다. 이것은 배우기 어려운 교훈이고, 깨우치는 데 평생이 걸리는 경우도 종종 있지요. 그렇지만 하나님이 말씀하셨다는 확신이 있는 사람이라면 부지런히 그 명령을 준행해야 합니다.

나는 캐서린이 어떻게 그것을 실천하는지 보아왔다. 그녀의 집은 놀라우리만치 다양한 사람들의 안식처다. 병자들, 정신이상자들, 가난한 사람들, 심지어는 범죄자들에게까지 … 안식처든, 도움이든, 음식이든, 관심이든, 상담이든, 보살핌이든, 돈이든, 옷이든 그들이 필요로 하는 것이라면 무엇이라도 주지 않은 적은 단 한 번도 없었다. 그들은 그녀의 집에 모여든다. 파스토에 사는 사람이라면 누구나 세뇨라 카탈리나 Senora Catalina 를 알고 있다. 더 이상 돌아갈 곳이 없는 사람들이 그녀를 찾아간다.

'선교', 적어도 기독교에서 의미하는 선교란 사람들을 참된 믿음으로 회심시키려는 노력만이 아니라, 언제나 선교의 대상에게 아낌없이 베풀고 자기를 희생하는 선교사의 영성도 의미했습니다. 성 바울(St. Paul)에서부터, 일본의 성 니콜라스(St. Nichoals)에 이르기까지 선교사들이 하나님이 전도하라고 하신 사람들과 하나가 되지 않고, 선교사 개인이 애착을 가진 것들과 기질적으로 중요한 것들을 희생하지 않은 선교는 없었습니다.

캐서린 몰간도 나만큼이나 개인의 생활과 정적靜寂을 중요하게 생각하리라고 나는 확신한다. 사생활과 정적은 그녀가 흔쾌히 포기한 많은 것들 중 일부이다. 내가 흔쾌히라고 말하는 이유는 그녀가 단 한 번도 그것을 희생이라고 말하거나 대단한 일인 것처럼 말하지 않고, 불굴의 의지로 한해한해, 하루하루를 당연하다는 듯이 행동하기 때문이다. 그녀는 그 문제에 대해 자기가 느끼는 감정을 개의치 않는다.

그렇지만 하나님을 위해 일하는 사람들도 감정을 가졌다. 예루살렘 성전을 재건할 때, 부유한 유대인들이 기근과 경제 위기를 이용해 동족을 착취하는 것에 반대하여 백성들이 큰 소란을 일으킨 적이 있다. 그때 느헤미야는 말했다. "내가 백성의 부르짖음과 이런 말을 듣고 크게 노하였으나 깊이 생각하고 귀족들과 민장들을 꾸짖어 그들에게 이르기를 너희가 각기 형제에게 높은 이자를 취하는도다"(느 5:6-7).

자기 감정을 다스린다는 것이 부드럽게 미소시으면서 "만사가 오케이다. 다 괜찮다"라고 말하는 것이 아니었음을 주목하라.

사람들이 사람을 담보로 돈을 빌리는 것은 정말 잘못된 일이었고, 느헤미야가 화를 낸 것은 당연했다. 그러나 격한 감정은 그들을 교화하는 데 아무 도움도 되지 않을 터였다. 그는 귀족들과 민장들을 설득하기 전에 마음을 가라앉혀야 했다. 그 행위를 옹호하는 방향으로 논쟁이 이어졌지만 그는 쟁점이 무엇인지 분명하게 알았고 그것이 잘못되었음을 선포했다.

현대인들은 감정과 사실을 잘 혼동한다. '느낌이 좋으면 그것을 하라!' 좋은 것은 반드시 우리 기분을 좋게 만들어준다는 것이 일반적인 생각이다. 예컨대, 어떤 것이 하나님의 뜻이라면, 우리는 그것에 대해 좋은 감정을 느끼리라는 것이다. 그러나 언제나 그런 것은 아니다. 요나는 니느바로 가는 걸 좋아하지 않았다. 그는 욥바로 가기를 더 원했고, 그래서 그곳을 향해 출발했고, 그로 인해 그와 그가 탄 배의 선원들은 곤경에 처했다.

많은 사람들이 성경에 나오는 인물들 중에서 가장 감정을 잘 억제한 사람으로 생각하는 사도 바울은 군중들에게 그도 감정을 가지고 있음을 상기시켜야 했다. 루스드라에서 그는 앉은뱅이에게 두 발로 설 것을 명령했고, 그 남자는 그렇게 했다. 이 사건으로 인해 군중들은 신이 인간의 모습으로 내려왔다고 믿게 되었다. 그들은 바울과 바나바를 머큐리(그리스 신화의 헤르메스)와 주피터(그리스 신화의 제우스)라고 부르며 그들에게 제물을 바치려고 했다. "여러분이여 어찌하여 이러한 일을 하느냐 우리도 여러분과 같은 성정을 가진 사람이라"(행 14:15)고 사도들은 소리쳤다.

엘리야는 우리와 마찬가지로 감정적인 사람이었지만, 그가 비가 오지 않기를 간절히 기도한즉 "삼 년 육 개월 동안 땅에 비가 오지 아니하"(약 5:17)였다. 성경 어디에서도 거룩한 사람들은 감정이 없다는 기록은 없다. 오히려 그 반대다. 예수님은 완전한 인간이셨고, 인간들이 받는 모든 유혹을 경험하셨다. 그분은 깊고 온화한 감정(아기를 품에 안으시고 예루살렘과 친구 나사로를 보며 우셨다), 격렬한 분노(성전에서 돈 바꾸는 자들의 탁자를 엎으시고, 채찍으로 그들을 내쫓으셨다)를 드러내셨고, 십자가 처형 전, 최후의 만찬, 그리고 그 후에 겟세마네에서 깊이 고뇌하셨다. 그렇지만 그분은 가야 할 길을 가셨다. 아버지의 뜻을 이루기 위해서 그분의 얼굴은 '부싯돌처럼' 굳어졌고, 분명 그분을 압박했을 어떤 인간적인 감정도 그분을 가로막지 못했다.

토마스 머튼Thomas Merton은 "우리는 예수님의 모습 속에서 잘 정리된 인간의 감정과 신성이 요구하는 것과 인격 사이의 최상의 조화를 볼 수 있다"고 말했다.

우리는 돛이나 키나 닻이 없이 떠내려가는 배처럼 우리 감정의 희생물에 불과한가? 우리는 정말 감정의 지배를 받고 있는가? 느낌이 좋으면, 우리는 그렇게 한다. 느낌이 좋지 않으면, 하지 않는다. 이것이 제자들이 따라야 하는 삶의 방식인가? 그것이 훈련인가?

유다서는 자기 감정대로 사는 사람들에 대해서 말하고 있다. 유다는 은밀히 교회에 침투한 이런 사람들에 대항해서 참된 싸움을 싸우라고 진실된 그리스도인들을 독려한다. "그들은… 경건하지 아니하여 우리 하나님의 은혜를 도리어 방탕한 것으로 바꾸고 홀로 하나이신 주재 곧 우리 주 예수 그리스도를 부인하는 자니라"(유 4).

이 서신서는 권위를 업신여기고 쉽지 않은 것은 무엇이나 무시하려고 드는 환상과 욕망에 이끌려 사는 사람들의 모습을 표현한다. 그들은 본능에 이끌려 산다. 이성이 없는 야수처럼, 바람에 실려가는 구름처럼, 열매 맺지 못하는 나무처럼, '자기 수치의 거품을 뿜는 바다의 거센 파도처럼, 궤도를 벗어난 별처럼'(13절) 언제나 자기의 욕망으로 삶을 빚으려고 한다. 그들은 성령의 인도하심이 아니라 감정의 이끌림을 받는다.

이것은 두 왕국의 극명한 대비를 보여준다. 내 뜻이 이루어지는 곳과 하나님의 뜻이 이루어지는 곳. 한 곳은 어둡고 다른 한 곳은 밝다. 그리고 이것은 선택의 증거가 된다. 내가 항상 편안하게 느낄 수 있도록 나의 욕망에 따라서 내 인생을 빚으려고 한다면, 나는 주님을 부인하고 있는 것이다. 나는 나의 주 예수 그리스도를 인정하지 않고 있는 것이다.

바울은 육신의 생각이 무엇인지 정확하게 설명한다. 그것은 하나님을 거역하는 모든 것이다. "육신의 생각은 하나님과 원수가 되나니 이는 하나님의 법에 굴복하지 아니할 뿐 아니라…"(롬 8:7). 그것은 "음행과 더러운 것과 호색과 우상 숭배와 주술과 원수 맺는 것과 분쟁과 시기와 분냄과 당 짓는 것과 분열함과 이단과 투기와 술 취함과 방탕함"(갈 5:19-21)으로 특징 지어진다. 우리는 누구든지 음란한 마음을 품기만해도 간음을 저지른 것이라고 하신 예수님의 말씀이 생각나기 전에는 처음 세 가지 죄에 대해서는 결백하다고 스스로를 정당화시킬 수도 있다. 또한 사무엘의 말을 기억하기 전에는 그 다음 두 가지도 제외시킬지 모른다.

> "이는 거역하는 것은 점치는 죄와 같고 완고한 것은 사신 우상에게 절하는 죄와 같음이라"(삼상 15:23).

우리들 대부분은 나머지 죄들을 범했음을 인정하지 않을 수 없을 것이다. 각각의 죄마다 감정이 큰 역할을 차지한다. "우리도 전에는 여러 가지 정욕과 행락에 종 노릇 한 자요"(딛 3:3)라고 바울은 우리의 옛모습을 표현하였다.

우리는 어떻게 해야 하는가? '감정이 이끄는 대로' 하지 않으면 '정직' 하지 않은 것이라는 세태를 받아들여야 할까?

다른 문제들과 마찬가지로 성경에서 답을 찾아보자. 우리에게 성경 외에 다른 기준은 없다. 성경 말씀이 있다면 그 말씀을 듣고 따라야 한다.

"그러므로 형제들아 우리가 빚진 자로되 육신에게 져서 육신대로 살 것이 아니니라 너희가 육신대로 살면 반드시 죽을 것이로되 영으로써 몸의 행실을 죽이면 살리니"(롬 8:12-13).

세상은 말한다. '네 감정대로 행하는 것이 정직한 것이다.'
성경은 말한다. '네 감정은 너를 멸망으로 인도할 것이다.'
세상은 말한다. '네 감정을 부인하면 죽으리라.'
성경은 말한다. '네 감정을 따르면 죽으리라.'

예수님은 제자들을 떠날 때가 다가왔을 때, 그분이 떠나시면 심히 애통해할 것은 당연한 일이었지만 "너희는 마음에 근심하지도 말고 두려워하지도 말라"(요 14:27)고 그들에게 말씀하셨다.

"주 안에서 기뻐하라"(빌 3:1). 바울은 감옥에서 쇠사슬에 묶여 있을 때 이렇게 썼다.

"긍휼을 베푸는 자는 즐거움으로 할 것이니라"(롬 12:8).

스물 다섯 살에 유다 왕국의 왕으로 등극한 히스기야는 주님을 의지했다고 전해진다. 이 말은 다분히 의도적으로 쓰여진 듯하다. 그 선택의 결과, 유다 왕들 중에서 그와 같은 이가 없었다. 그는 주님께 충성을 다했다. 그는 끝까지 그분께 신실했다. 그는 계명을 지켰다. "여호와께서 그와 함께 하시매 그가 어디로 가든지 형통하였더라" (열하 18:7). 만약 그의 면전에 마이크를 들이대며 그의 직책에 대해 어떻게 생각하는지 묻는 기자가 있었다면 히스기야가 준비된 답변을 할 수 있었을지 의심스럽다. 그의 관심은 다른 데 있었다.

대다수의 현대 음악가들과는 대조적으로 모짜르트는 자기 자신, 자신의 상황이나 감정을 표현하기 위해 음악을 사용하지 않았다. 1781년 그는 이렇게 썼다. "감정은, 그것이 강하든 그렇지 않든, 절대 지겨우리만치 표현되어서는 안된다. 그리고 음악은 절대 귀를 괴롭혀서는 안되고 귀를 즐겁게 해야 한다."

성령의 지배를 받는 사람의 삶에서 보여지는 특징은 무엇일까? "사랑과 희락과 화평과 오래 참음과 자비와 양선과 충성과 온유와 절제"(갈 5:22-23)의 삶이다.

절제가 성령의 열매 중 하나라는 점에 주목하라. 이것은 하나님의 일 속에서 하나님과 동역해야 할 책임이 인간에게 있음을 다시 한 번 입증해준다. 절제는 반드시 필요하다. 자기의 삶이 성령의 지배를 받도록 결심한 사람은 영적 훈련을 받아들여야 한다. 주님의 훈련을 받아들인 사람은 자기 자신도 기꺼이 훈련시킬 것이다. 이것은 정서적인 성숙의 징표이자 영적 성숙의 징표이다. 자녀를 훈육하는 과정은, 벌이 필요한 때도 있기에, 부모와 자녀 모두에게 고통스럽다. 그렇기에 마침내 자녀에게서 책임감 있고 스스로를 훈련시키는 모습을 보게 될 때, 부모는 큰 기쁨과 안도감을 얻게 된다. 그는 성숙의 문턱에 다다른 것이다. 하늘에 계신 우리 아버지도 당신의 자녀가 자기 자신를 제어할 수 있게 되고, 재갈과 굴레로 단속할 필요가 없게 되는 것을 기뻐하시리라.

감정은 의지의 다스림을 받아야 한다. 의지는 감정을 이겨야 하며, 그리스도께 굴복한 의지만이 그렇게 할 수 있다.

내가 감정의 훈련에 대한 강연을 마친 후, 한 젊은 여인이 나에게 다가왔다. 그녀는 매우 혼란스러운 듯했다.

"엘리엇 부인, 부인은 감정을 아주 잘 다스리시는 것 같군요. 내 말은, 당신은 의지가 강하고 모든 것을 갖추신 것 같다는 뜻이에요. 그렇지 않으신가요? 그러나 당신도 깊은 감정의 동요를 경험하신 적이 있지 않나요? 내가 알고 싶은 것은, 그런 감정들을 어떻게 처리하셨나요?"

아, 안타까워라. 내가 말했던 것은 '감정을 없애자'는 말이 아님을 내가 제대로 설명하지 못했단 말인가? 그녀는 내가 정신과 영혼만 작용하고 감정은 배제된 고도의 영적 단계에 도달했다고 생각했을까? 나는 다시 설명하기 시작했다. 우리가 '죽어질 육체' 안에 거하는 한 우리는 육신의 생각과, 언제나 하나님과 전쟁을 벌이고 있는 본능과 싸워야 한다고. '내가 원하지 아니하는 악'은 아직도 존재하고 있다고. 감정은 좋은 것이든 나쁜 것이든 강한 것이라고. 감정은 도움이 될 때도 있고 방해가 될 때도 있다고. 우리는 훈련에 대해서 말하고 있는 것이라고. 우리가 경주마나 어린아이를 훈련한다고 말할 때 그들을 제거해야 한다고 말하는 것이 아니라, 제어시키는 것에 대해서 말하고 있는 것이라고.

선택은 계속 필요하며 가능하다. 하나님께 순종하는 것은 역시 언제나 가능하다. 감정이 너무나 강해서 그 감정에 따라 행동할 수밖에 없다는 생각에 빠지는 것은 치명적인 실수이다.

겟세마네 동산과 십자가 위에서 승리를 거둔 것은 예수님의 의지셨다. 우리는 그분이 피땀을 흘리시며 "만일 할 만하시거든 이 잔을 내게서 지나가게 하옵소서"(마 26:39)라고 간구하셨을 때, 그리고 십자가 상에서 목이 마르셨을 때, 마지막으로 절규하셨을 때, 인간으로서 그분이 느끼신 감정이 그분을 압도하고 있었음을 알 수 있다. 그분의 의지는 그분이 자신에게 대항하신 모습, "나의 원대로 마시옵고 아버지의 원대로 하옵소서"(39절)라는 그분의 기도에서 증명된다. 벌어지고 있는 일에 대한 그분의 인간적 반응과, 아버지의 뜻을 행하려는 그분의 절대적인 욕망 사이에 치열한 전쟁이 벌어지고 있었다. 그분은 바로 그 뜻을 행하기 위해서 세상에 오셨다. 그분의 목적은 단순했다. 그러나 그것을 수행하기는 쉽지 않았다. 그분은 그것을 편안하게 느낄 수는 없었다. 그러나 그분은 그 일을 하셨다. 중요한 것은 그것이다. 그분은 그 일을 하셨다. 그분은 "우리가 범죄한 것 때문에 내줌"(롬 4:25)이 되셨다.

거룩에 대한 시금석으로 특별한 영적 경험을 추구하는 것은 큰 유혹이다. 자기 자신이 성령의 인도하심을 느끼는 것, 어떤 기이한 현상을 나타내는 것, 또는 기도 중이나 하나님을 위해 애써 한 일을 잘 해냈을 때 갑작스런 환희에 휩싸이는 것 등, 이 모든 것 또한 우리가 마침내, 올바른 파장을 타고 있다는 긍정적인 증거로 생각되는 경우가 많다.

한나 휘톨 스미스Hannah Whitall Smith는 「종교적 광신Religious Fanaticism」이라는 그녀의 저서에 이렇게 쓰고 있다. "하나님의 뜻에 따라 인간의 의지를 굳게 지키는 것과 그분의 사랑과 돌보심 속에서 평화롭게 안식하는 것은 종교적인 삶에서 지금까지 알려진 신비 체험 중에서 가장 강력한 경험 또는 가장 경이로운 체험보다도 훨씬 더 중요한 가치다."

그런 징표를 강조하는 사람들은 반드시 공동체를 분열시키며, 그리스도보다 자기들에게 관심을 집중시킨다. 높임을 받으셔야 할 분은 그리스도시지 우리의 감정이 아니다. 우리는 감정을 통해서가 아니라 순종을 통해서 그분을 알게 된다. 우리의 사랑은 어떤 순간에 하나님에 대해서 얼마나 좋은 감정을 느끼는가에 의해서 증명되는 것이 아니라 순종에 의해서 증명된다. "또 사랑은 이것이니 우리가 그 계명을 따라 행하는 것이요"(요이 6).

"네가 나를 사랑하느냐?"(요 21:17). 예수님이 베드로에게 물으셨다. "내 양을 먹이라"(17절). 그분은 "나에 대해 어떤 감정을 느끼느냐?"고 묻지 않으셨다. 사랑은 감정이 아닌 까닭이다. 그분은 행동을 요구하셨다.

우리는 매일매일 선을 택하고 악을 거부할 수 있는 선택의 기로에 선다. 대체로 감정은 큰 도움이 되지 않는다. 충동이 반드시 나쁜 것만은 아니지만, 대개 선택은 원칙과 충동 사이에 있게 된다. 내가 해야 하는 것과 하고 싶은 것이 일치하는 경우는 드물다. "내가 원하는 바 선은 행하지 아니하고 도리어 원하지 아니하는 바 악을 행하는도다"(롬 7:19)라고 바울은 말했다. 이것은 그리스도인이라면 누구나 하는 경험을 정확하게 묘사하고 있다. 바울은 그것을 좋아하지 않았지만 숨기지 않았고, 글로 적기까지 했다. 우리가 이 속세의 번뇌에서 벗어나지 않는 한 우리는 계속 실패를 경험할 것이고 잘못된 선택을 하게 될 것이다. 그러나 명령은 변하지 않는다. '거룩하라.' 정직하게 감정을 인정하고 그 감정이 잘못된 것일 때, 그것을 거부할만큼 정직해지자.

"그러므로 너희 마음의 허리를 동이고 근신하여 예수 그리스도께서 나타나실 때에 너희에게 가져다 주실 은혜를 온전히 바랄지어다 너희가 순종하는 자식처럼 전에 알지 못할 때에 따르던 너희 사욕을 본받지 말고 오직 너희를 부르신 거룩한 이처럼 너희도 모든 행실에 거룩한 자가 되라"(벧전 1:13-15).

같은 서신서의 뒷부분에서 베드로는 우리가 절제하고 거룩해지려면 어떤 행동을 취해야 하는지 분명하고 솔직하게 말하고 있다.

육신의 정욕을 제어하라.
인간의 모든 제도를 주를 위하여 순종하라.
권위를 인정하라.
마음과 생각이 하나되게 하라(두 가지 모두 순종하지 않으면 불가능하다).

형제를 사랑하라(그러고 싶지 않더라도).

온유하고 겸손한 마음을 가지라.

악을 선으로 갚으라.

얼마 전, 한 수련회에서 한 젊은 여인이 그녀가 어떻게 주님을 알게 되었으며, 어떻게 그분께 반항했고, 얼마나 그분에게서 멀어졌으며, 어떻게 다시 돌아왔다가 또 반항했고, 다시 주님이 자비하심과 은총으로 그녀를 용서하셨으며, 그녀를 그리스도인 남편과 행복하게 살게 해주셨는지 긴 이야기를 들려주었다. 그녀의 남편은 고속도로 순찰 경관이었는데, 어느 날 교통사고를 조사하던 중 지나가던 차에 치어 심각한 부상을 입었다. 그웬 Gwenn 도 그때 유산의 위험이 있어서 병원에 입원해 있었다. 3일 후에 남편은 세상을 떠났다. 바로 그날 오후 그녀의 어버지도 세상을 떠났고, 6일 후에 그녀는 아기를 잃었다. 그녀는 눈물도 흘리지 않고 조용히 자기 이야기를 들려주었는데, 다른 사람들은 거의 모두 눈물을 흘리고 있었다. 그녀는 남편의 임종을 지켜보며, 그녀가 그때까지 무엇을 추구해왔었는지 알게 되었다는 말로 이야기를 마쳤다. 그것은 그리스도의 은혜로운 임재였다.

그녀가 나에게 보낸 편지에는 이렇게 쓰여 있었다.

수련회에서 돌아온 지 일주일쯤 후에 전화를 받았습니다. 남편을 차로 친 남자의 아내가 건 전화였지요. 그녀가 말하기를 방금 그녀의 시누이가 성경 공부에서 돌아와 전화를 했는데, 성경 공부에 참석한 한 여자가 수련회에서 그날 아침에 내가 했던 이야기를 나누었다고 하더군요. 그녀는 말 그대로 나에게 간청을 하더군요. 만약 할 수 있다면, 내가 했던 말을 그녀의 남편에게 해달라고요. 그녀의 남편은 죄책감에 사로잡혀 자기 자신을 용서하지 못하고 있다고 하더군요. 전화를 끊고, 나는 몸을 떨면서 침대로 달려가 엎어져서 가슴이 터지도록 울었습니다. 그런 일은 내 안에 계신 하나님만이 하실 수 있는 일임을 나는 알았지요. 그 일은 내가 할 수 있는 일의 한계를 넘는 일이었으니까요. 고통을 끌어안고, 그 고통의 제공자는 무시하는 것이 훨씬 더 쉽지요. 그게 훨씬 더 자연스러운 반응이니까요. 그러나 한 친구가 내게 이렇게 말했어요. 내가 그를 용서하는 것, 그리고 편지를 통해서건 직접 만나서 말로 하건 용서를 표현하는 것이 자기 스스로를 가두고 있는 감옥에서 그를 풀어줄 수 있는 유일한 열쇠라고요…. 그리고 바로 내가 해결하지 못했던 내 내면의 한 부분이 온전히 치유될 수 있을 거라고요. 내 친구는 하나님의 자녀로서 나에게 선택의 여지가 없다는 점을 지적했지요. 나를 계속 괴롭히는 "하나님, 왜 저에게 그렇게 많은 용서를 요구하십니까?"라는 질문은 대답이 필요없습니다…. 우리가 절대 갈 수 없다고 생각했던 곳으로 우리를 인도하시는 하나님의 놀라운 은혜를 찬양합니다!

마지막으로 몇 가지 주의 사항이 있다.

감정을 있는 그대로 드러내지 말라. 감정은 우리에게 주어진 인간성의 일부분임을 기억하라. 감정에 저항해서 스스로를 방어하려고 애쓰지 말라. 감정을 인정하라. 만약 도움이 된다면 감정의 정체를 규명하라. 그리고 주님 앞에 그것을 내려놓고 당신이 감정에 어떻게 반응해야 할지 훈련시켜달라고 요청하라. 감정의 훈련은 반응의 훈련이다.

훈련에 대한 어떤 논쟁도 훈련할 수 있는 능력을 제공해주지 않는다. 우리를 부르시는 분이 능력을 주시는 그분이시다. 그분은 주님이시다. 그분이 다스리시도록 우리 자신을 내어드릴 때, 그분은 우리에게 다스릴 수 있는 은총을 허락하신다.

성 프란시스 드 살레 St. Francis de Sales 는 이것을 이렇게 표현했다. "우리는 우리 감정의 주관자가 아니다. 우리는 하나님의 은혜로 우리의 동의를 주관하는 자들이다."

한번 해보라. 그릇된 일을 행하고 싶은 강한 유혹이 닥칠 때, 머뭇거리지 말고 결연히 포기하면 – '나는 하지 않겠다' – 그 순간 자아애의 집착이 사라지고 하나님께 '네'라고 말하게 될 것이다. 그리하여 우리는 밝은 햇살 속에서 노래할 것이며, 모든 자유의 종이 기쁨의 종소리를 울리게 될 것이다.

나오는 글
변화: 나의 삶을 그분의 삶으로

이즈음 내가 누리는 기쁨은 네 살 된 남자 아이와 그 아이의 두 살배기 여동생이 자라가는 모습을 지켜보는 것이다. 그 아이들의 가정은 햇빛이 밝게 비칠 때도 있고 구름이 낄 때도 있지만 사랑이 충만하다. 웃음이 넘쳐나고, 동화책을 읽어주며, 게임을 하고, 불가에서 팝콘을 먹기도 하며, 안아주고, 얼러주며, 찬송가를 부르기도 한다. 간혹 엉덩이를 때릴 때도 있다. 자녀들을 사랑하는 엄마와 아빠는 아이들이 제멋대로 행동하도록 허용하지 않는다. 타락한 인간이 지도, 모범, 교정["여호와의 증거들을 지키고 전심으로 여호와를 구하는 자는 복이 있도다"(시편 119:2)] 없이 얻을 수 없는 자유와 기쁨을 아이들이 누릴 수 있기를 부모는 바란다. 아이들이 부모의 지시에 기꺼이 따를 때는 모두에게 햇빛 찬란한 날이다. 그러나 아이들이 부모의 지시를 거부하면 먹구름이 낀다. 동화책을 함께 읽거나 팝콘을 먹자는 제안에는 기쁘게 동의하는 아이들이 장난감을 치우거나 브로콜리를 먹는 일에는 별로 관심을 보이지 않는다. 부모가 이 일들이 모두 궁극적으로 아이들을 행복하고 온전하게 하기 위한 것임을 이해시킬 수 있다면 좋으련만. 부모들은 아이들을 사랑하기 때문에 대부분의 텔레비전 프로그램을 거부하고, 늦게까지 깨어 있지 못하게 하며, 인스턴트 음식을 먹지 못하게 하고, 매일 오후 아이들이 각각 혼자 조용한 시간을 보내도록 한다. 부모들은 아이들을 사랑하기 때문에 아이들이 스스로 무언가 – 부모가 아이들을 대신해서 해주고 싶은 마음이 굴뚝 같은 일 – 를 배울 때 옆에 서 있는다. 그리고 그들이 충분히 지혜로워지고 독립할 때가 되었다면, 그들이 상처받고 고민하고 때로는 실패하는 것까지도 허용한다.

"훈련과 벌은 같은 말인가요?" 한 젊은 여인이 나에게 물었다. 그녀는 하나님이 '보복' 하신다는 생각 때문에 힘들어하고 있었다. 나는 고린도전서 11장 32절 말씀을 주었다. "우리가 판단을 받는 것은 주께 징계를 받는 것이니 이는 우리로 세상과 함께 정죄함을 받지 않게 하려 하심이라." 하나님이 당신의 자녀들을 '벌하시는 것' 은 보복의 의미가 아니라 바로잡는다는 뜻이다. 우리는 진실로 그분에게 사랑받는 자녀며, 자녀라면 누구나 받는 훈련, 즉 언젠가 그분의 거룩함과 생명을 공유하기 위한 훈련을 받고 있음을 우리는 알고 있다.

요나의 이야기는 하나님 아버지의 말씀을 거역하는 것이 얼마나 어리석은 짓인지 잘 보여주고 있다. 요나는 하나님의 명령을 피할 수 있다고 생각했다. 명령받은 대로 니느웨로 가는 대신, 그는 "여호와의 얼굴을 피하려고"(욘 1:3) 다시스로 가는 배를 탔다. 그와 같은 결정은 어떤 형태로든지 풍랑을 만나게 돼 있는데, 요나의 경우에는 진짜 폭풍을 만나게 되었다. 그가 순종했다면 피할 수 있었던 고난이 무엇이었는지 생각해보라. 폭풍, 배 밖으로 던져지는 공포, 어슴푸레한 바다 밑에서 불쑥 솟아오른 거대한 물고기의 입, 자기가 정말 물고기에게 삼키워졌다는 사실을 알고 난 뒤의 충격, 물고기 배 안에서 보낸 상상을 초월하는 공포의 3일. 그러나 그 암흑 속으로까지 그를 쫓아온 것은 냉혹한 사랑이었다. 실로 이상한 방법으로 고집센 예언자를 구출한 것은 하나님의 사랑이었고, 그 예언자는 암흑 속에서 기도하면서 그 사실을 깨달았다.

> "물이 나를 영혼까지 둘렀사오며 깊음이 나를 에워싸고 바다 풀이 내 머리를 감쌌나이다 내가 산의 뿌리까지 내려갔사오며 땅이 그 빗장으로 나를 오래도록 막았사오나 나의 하나님 여호와여 주께서 내 생명을 구덩이에서 건지셨나이다 내 영혼이 내 속에서 피곤할 때에 내가 여호

와를 생각하였더니 내 기도가 주께 이르렀사오며 주의 성전에 미쳤나이다"(2:5-7).

그런 후에 주님은 물고기에게 명하여 요나를 토해내게 하셨고, 그를 구원하셨다. 하나님이 두 번째 기회를 주셨을 때, 그는 지체하지 않았다. "니느웨로 가라"(3:2) 요나는 즉시 갔다. 그는 이제 더 지혜로워진 것이다. 그의 첫 반응이 시편 기자의 그것과 같았다면 얼마나 더 행복했을까. "주의 증거들은 놀라우므로 내 영혼이 이를 지키나이다"(시 119:129).

모든 진실된 제자들의 목표는 하나님을 기쁘시게 하는 것이다. 성경은 어떻게 하나님을 기쁘시게 할 수 있는지 알려주는 우리의 지침서다.

나는 요리하는 것을 무척 즐긴다. 건강한 식욕을 가진 사람들을 위해서 맛난 음식을 하는 것은 즐겁다. 부엌에서 하는 요리는 대부분 간단하고, 이미 많이 해봤기 때문에 조리법이 필요 없다. 그러나 아주 가끔 멋진 요리를 할 시간이 나면, 조리법을 가르쳐줄 수 있는 전문가를 찾는다. 프로피트롤profiterole(작은 슈크림을 피라미드 모양으로 쌓아올리고 초콜릿 소스를 뿌린 것 – 역주)을 만들기 위해 슈 반죽을 만들 때, 조리법을 지키지 않고 끓는 물에 버터를 넣기 전에 밀가루 두 컵을 먼저 넣으면 반죽을 망치게 된다.

자기 방식대로 요리할 권리를 포기하고, 요리책에 적힌대로 따라 하지 않으면 완벽한 디저트를 만든다는 요리의 목적을 이룰 수 없다. 요리를 할 때, 나는 M. F. K. 피셔M. F. K. Fisher의 패스트리 요리법을 마음 편히 즐겁게 따른다. 이렇게 하면 맛있는 패스트리를 만들게 될 것이라고 쓰여 있는 그녀의 말을 받아들인다.

그런데 우리는 왜 그리스도의 말을 받아들이지 않고 논쟁하고 ('이건 너무 어렵고, 까다로워요. 이건 내가 할 수 없어요'), 우리 힘으로 그냥 해보겠다고 권리를 주장하기를 더 좋아하는 걸까? 이와 같은 방법으로 우리는 낙원을 잃었다. 지금도 동일한 적이 동일한 거짓말, "너희가 결코 죽지 아니하리라"(창 3:4)는 말로 우리를 유혹한다. 그러나 예수님은 변함없이 신실하게, 그분의 길을 따르는 자들을 생명과 천상의 기쁨에 이르는 길로 부르고 계신다. 그렇다, 그것은 십자가의 길이다. 그러나 부활로 인도하는 유일한 길이다.

그분은 바꾸기 원하신다. 그분의 생명과 우리의 생명을. 자신을 내어주심으로써 진의를 우리에게 보여주셨다. 아들이 아버지께 순종하여, 지옥이 전능하신 주권자에게 정복당한 그 엄청난 사실이, 우리를 자아로부터 그리고 세상이 행복이라고 부르는 비루하고, 계산적이며, 비열하고, 자기 본위며, 자기 구원적인 것들의 추구로부터 벗어나도록 부르지 않는가?

그분은 우리에게 사랑, 수용, 용서, 큰 영광, 충만한 기쁨을 주신다. '몸, 마음, 지위, 시간, 소유, 일, 감정' 등 상처 입은 손으로 먼저 주신 선물들을 다시 바치는 것이 그렇게 어려운가?

물론 우리가 포기해야 할 것들의 목록은 끝없이 많다. 여기에는 자신을 드리는 원칙을 이해하는 데 도움이 되는 예를 몇 가지 들어본 것뿐이다.

그리스도의 고난에 참여함으로써 그분과 함께 다스리게 된다.
한알의 밀알이 썩어 많은 열매를 맺는다.
우리가 기쁨의 기름으로 그 슬픔을 대신하면 찬송의 옷으로 그 근심을 대신하신다.
우리 죄를 그분께 가져가면 우리에게 의의 옷을 입혀주신다.
기쁨은 슬픔에도 불구하고 오는 것이 아니라 슬픔을 통해 온다.

훈련이 기꺼운 포기가 될 때, 예수님의 생명이 우리 안에 나타나실 것이다. "우리가 항상 예수의 죽음을 몸에 짊어짐은 예수의 생명이 또한 우리 몸에 나타나게 하려 함이라"(고후 4:10).

|주|

들어가는 글. 지으시며, 보살피시며, 불러주신 하나님

엘리자베스 체니(Elizabeth Cheney), "Overheard in an Orchard"

1장. 훈련: 하나님의 부르심에 대한 응답

"Thou Who Wast Rich", 「Christian Praise」(London: The Tyndale Press, 1957)

2장. 우리의 부르심을 어떻게 알 수 있을까?

C. S. 루이스(C. S. Lawis), 「캐스피언 왕자(Prince Caspian)」(한길사, 1994), 196p.
T. S. 엘리엇(T. S. Eliot), "Ash Wednesday", 「The waste Land and Other Poems」(N.Y.: Harcourt Brace and World, Inc, 1962).

5장. 주권자 하나님과 인간의 선택

P. T. 포사이스(Forsyth), 「The Principle of Authority」(London: Hodder& Stoughton, n.d.), 404.

6장. 육체의 훈련

헨리 트웰스(Henry Twells), "At Even, When The Sun Was Set", 「Episcopal Hymnal」(N.Y.: Seabury Press, 1943).

말콤 머거리지(Malcom Muggeridge), entry for March 26, 27, 1951, 「Diaries」(London: Collins, 1981).

존 던(John Donne), 「The John Donne Treasury」, ed. Erwin P. Rudolph (Wheaton, IL: Victor Books, 1978), 85.

7장 마음의 훈련

C. S. 루이스, 「A Preface to Paradise Lost」(N.Y.: Oxford University Press, 1942).

프랑소와 드 페넬론(Francios de Fenelon), 「Spiritual Letters to Women」(New Canaan, CT: Keats Publishing Co., 1981).

F. W. H. 메이어스(Meyers), 「Saint Paul」(London: H. R. Allenson, Ltd., n.d.).

케이트 윌킨슨(Kate B. Wilkinson), "May the Mind of Christ My Savior" 찰스 스탠리 박사(Dr. Charles Stanley)의 설교에서 본인 허락하에 인용, In Touch Ministries, Box 7900, Atlanta, GA 30357, #AQ031.

엘리자베스 엘리엇의 「Let Me Be a Woman」(Wheaton, IL: Tyndale House, 1976)과 The Mark of a Man(Old Tappan, N.Y.: Fleming H. Revell, 1981)을 보라.

8장. 지위의 훈련

아이작 디네센(Isak Dinesen), 「Out of Africa」(N.Y.: Random House, 1972), 261.

9장. 시간의 훈련

제임스 휴스턴(James Houston), 「I Believe in the Creator」(London: Hodder& Stoughton, 1979), 238.

10장. 소유의 훈련

오머 잉글버트(Omer Englebert), 「Saint Francis of Assisi: A Biography」(Ann Arbor, Servant, 1979), 36-37.

조지 맥도날드(George MacDonald), "The Hardness of the Way," 「Anthology of George macDonald, ed. C.S. Lewis」(N.Y.: Macmillan, 1947).

C. S. 루이스, 「Letters to an American Lady」, ed. Clyde S. Kilby (Grand Rapids: Eerdmans, 1967), 76

11장. 일의 훈련

다그 함마르셸드(Dag Hammarskjold), 「Markings」(London: Faber & Faber, 1975), 109.

12장. 감정의 훈련

조지 맥도날드, 「Unspoken Sermons」(London: Longman's, Green & Co., 1906).

다니엘 10:1, 8-12, 15

알렉산더 슈메만(Alexander Schmemann), 「Church, World, Mission」(Crestwood, N.Y.: St. Vladimir's, 1979), 124.

십자가의 성요한(Saint John of the Cross), 「Council of Light and Love」(N.Y.: Paulist Press, 1977)

훈련 그리고 기쁜 복종

1쇄 인쇄 / 2009년 1월 30일
1쇄 발행 / 2009년 2월 10일

지은이 / 엘리자베스 엘리엇
옮긴이 / 김희수
펴낸곳 / 주)도서출판 디모데 〈파이디온선교회 출판 사역 기관〉

등록 / 2005년 6월 16일 제319-2005-24호
주소 / 서울 강남구 개포동 1164-21 파이디온 빌딩
전화 / 영업부 02) 574-2630
팩스 / 영업부 02) 574-2631
홈페이지 / www.timothybook.com

값 10,000원
ISBN 978-89-388-1411-1
Copyright ⓒ주)도서출판 디모데 2009 〈Printed in Korea〉